石田光規

友人の社会史

1980-2010年代

私たちにとって「親友」とはどのような存在だったのか

晃洋書房

まえがき

皆さんは「友人」という言葉からどのようなことを思い浮かべるだろうか。おそらく、プラスの出来事を思い浮かべる人が多いはずだ。しかし、よくよく考えると、友人にまつわるトラブルは少なくないし、友人に対する気苦労も意外と多い。とはいえ、やはり、友人という関係性は、多くの人にとって「大事なもの」だと認識されているだろう。では、この認識は不変のものなのだろうか。この疑問が本書の出発点となる。

人間関係についてあらためて考えてみると、私たちは、一九八〇年代あたりまで、固定的な関係性を軸に生活を送ってきた。会社の同じ部署の人びとや親族とつきあうことは、「当たり前」だったのである。しかし、一九九〇年代も半ばを過ぎると、日本社会を取り巻くさまざまな「当たり前」――結婚適齢期、性役割分業、つきあいの規範など――は、突き崩され、自己決定・自己選択にゆだねられる領域が増してゆく。

社会のさまざまな場面で、自己決定・自己選択の余地が増してゆけば、本質的には、当事者同士の選択によって成り立つ友人関係の重要性は変わる、と考えられる。選択と決定の重要性が増えれば、選択をつうじて結ばれる友人の重要性も増してゆくだろう。この疑問を実際に検討するためには、人びとが友人関係に対して抱いてきたイメージを、時代を追って分析する必要がある。

情報技術の進んだ現代社会では、幸いにも、各種のデータベースが整備されている。そのため、特定の概念の時代ごとの変化を独力で追跡できるようになった。このような背景のもと、本書は、新聞記事を素材に、社会に浸透している友人のイメージの変化を、解き明かしてゆく。

これまで、友人のイメージは、一時点の質問紙調査をつうじて分析されてきた。言い換えると、友人の時代的・社会的イメージを実証的に分析した研究は、少なかった。本書は、その空白を埋める試みとも言える。とはいえ、分析じたいに難しい手法が用いられているわけではない。ゆえに、本書は、研究書の体裁をとりつつも、一般の読者にも十分楽しんでいただけると思う。本書をつうじて、友人の新たな側面を見出していただければ幸いである。

目次

友人の社会史——一九八〇—二〇一〇年代 私たちにとって「親友」とはどのような存在だったのか

目次

序章
友人関係を社会からとらえなおす

1 なぜいま友だちを問うのか

（1）中間集団の衰退

家族、企業、地域など、人びとの拠り所となってきた中間集団の衰退が指摘されて久しい。このような社会をベックは「個人化」から読み解き（Beck 1986＝1998）、バウマンは液状化と指摘した（Bauman 2000＝2001）。中間集団の拘束が揺らいだ社会では、「つきあわねばならない」関係は縮小し、個々人は自らの選好に応じて、自由に人間関係を構築してゆく。

かつて、私は、このような関係を「選択的関係」と名づけ、孤立にかんする論考を執筆した（石田 2018）。諸個人が自らの好みに応じて自由に人間関係を築く社会は、自由ゆえの気楽さとともに、他者から選ばれない不安も喚起する。というのも、選択の権利は、諸個人がつながることを望む相手にも付与されるからだ。かくして、人びとは選ばれない不安、すなわち、孤立の不安と折り合いをつけつつ日常生活を送る。

関係の選択化は、孤立への不安を高めるだけではない。人間関係における友人の位置づけを相対的に上昇させる。その仕組みはこうだ。選択的関係は、中間集団が強固な時代に結ばれた人間関係に比べ、役割による拘束が少ない。同じ家族・親族なのだから、同じ部署の一員なのだから、という理由で、人びとを固有の関係に結びつけるのは難しくなっている。

「つきあわなければならない」というロジックから解放された人びとは、「相手と関係を結びたい」という関係に内在する本質的な欲求に基づき、他者と関係を結ぶ。ギデンズはこのような関係を「純粋な関係」(pure relationship) とよんだ (Giddens 1991＝2005; 1992＝1995)。

(2) 現代社会を象徴する関係性としての友人

選択的関係、あるいは純粋な関係のなかで、中心を占めるのが、親密な感情を仲立ちとして形成される友人関係、恋愛関係である。というのも、友人関係や恋愛関係は、つきつめれば、「相手とつながりたい」という欲求を軸に、互いを結びつける性質をもつからだ。かりに、友人関係・恋愛関係に、金銭や地位・名誉といった欲求がからんだり、関係の維持・形成を強要する要素が見え隠れしたりすると、当該関係は、純粋な友情や愛情から逸脱したものとみなされる。

実際にギデンズは、純粋な関係の典型として近代の友人関係をあげている。「つきあわねばならない」関係が縮小し、人間関係を選べるようになった現代社会では、純粋な関係の典型たる友人が、人間関係の中心に躍り出てくるのである。[*1]「ぼっち」「リア充」など友人関係、人間関係の多寡を示す俗語、ママ友、よっ友[*2]など友人関係の性質を表す俗語は枚挙にいとまがない。これらの現象からも、人びとの友人

＊1　社会において友人関係が前景化する様相は、人びとが取り結ぶ個人的関係（パーソナルネットワーク）を扱った実証研究に見て取れる。これについては後述する。
＊2　挨拶するだけの友だちを指す俗語。

関係への関心の高さがうかがえる。

しかし、「友人関係とはどのようなつながりを指すか」と尋ねられると、そう簡単には答えられない。というのも、友人関係は感情を基軸として形成されるため、いかなる関係を「友人」と言いうるか確定しがたいからだ。また、友人関係は「友人」「親友」などと、時として関係性の強度で区分して表現されるものの、その強度を規定する要因ははっきりしない。それゆえ、私が専門領域とする社会学では、友人をどのように定義し、その関係性を測定するか、時として論争になる。[*3]

以上をまとめると、私たちを取り囲む複雑な事情がみえてくる。人間関係が選択化してゆくなかで、友人の重要性は強まっている。しかしながら、友人そのものは、私たちにとって曖昧なままだ。これまで、私たちは、血縁、地縁、会社縁といった、あるていど固定的で役割に規定された関係を軸に社会を築いてきた。しかし、関係が選択化した時代には、境界を画定しがたい曖昧な人間関係が浮上してくる。このような変化は、私たちにいったい何をもたらしたのだろうか。

本書は、この数十年、人間関係に生じた変化を探るために、純粋、かつ、曖昧な関係の典型である友人、とくに親友に焦点をあてて研究を行う。[*4]具体的には、新聞の内容分析をつうじて、私たちがどのような場面において、どういった意味合いで「親友」という言葉を使い、その文脈は、経年的に、あるいは社会属性に応じて変化してきたのか、分析・検討する。この分析により、友人関係、または親友関係、ひいては私たちの人間関係にどのような変化が起きたのか明らかにするのが本書の目的である。

以下、序章では、これまでの友人にかんする研究をまとめ、友人研究の論点を整理する。その後、本書で用いた内容分析の具体的方法について概説する。

2 市民社会の友人から親密な友人へ

「友人」を「友情を仲立ちとして結ばれる関係」と定義すると、その歴史はかなり古く、かつ、そこで提示される友人像は、現代的な友人像とかなり異なる。

友情について論じた清水（2005）、チェンバース（Chambers 2006＝2015）によれば、その起源は、紀元前のギリシア哲学にまで遡る。そこでの友情は、現在のような「親しさ」よりも公的側面に重点がおかれていた。友情は公共の場で人びとを結びつけ、市民社会の形成に資するものとみなされていたのである。ゆえに、友情は市民社会の中心に座する男性の間で取り結ばれるものであった。

ギリシア哲学でも、親密性に対する言及は多少あったものの、その本格的な登場は、近代資本主義が浸透し始める一七世紀まで待たねばならない。チェンバース（Chambers 2006＝2015）は、その一例として、スコットランド道徳哲学をあげ、当該学問が「親密な友情を商業社会から派生した近代的な関係とみなした」（Chambers 2006＝2015; 27）と指摘している。商業社会が生活全般から個人生活を分離させ、親密さや共感に基づく友情を拡散したのである。とはいえ、親密圏の中心部に友人が進出してくるのはまだ先

＊3　たとえば、『日本都市社会学会年報』一九号でなされた大谷信介と森岡清志の論争があげられる。
＊4　検討対象を友人ではなく親友とした理由は後述する。

のことだ。

　近代社会への移行とともに、公的空間から分離された親密圏の中心を占めたのが、夫婦を中心とした家族である。その家族とともに近代社会の中心をなしたのは、企業、職場といった中間集団であった。伝統的な共同体から人びとを解き放った近代社会は、家族、企業（職場）に人びとを再度埋め込んだのである。近代社会は私的空間、親密な空間としての家族、公的空間としての企業を中心に形成され、友人関係が出る幕はあまりなかった。

　友人関係が前景化するのは、個人化（Beck 1986＝1998）、液状化（Bauman 2000＝2001）の指摘される一九八〇年代以降である。個人化、液状化した社会では、個人を特定の関係に落とし込む圧力はいっそう縮減し、人間関係の形成、維持にあたり個々人の意思が介在する余地が大きくなる。先述したように、ギデンズ（Giddens 1991＝2005）はこのような関係を「純粋な関係」と呼び、その典型として友人関係をあげた。人びとの関係が選択化してゆく現在、感情的親密さを仲立ちとした友人の重要性は、かつてないほど高まっている。

　そこで、次節では、近年の友人関係の動向について検討する。まず、先行研究から現代の友人関係の特徴について概説する。その後、先行研究を踏まえて、本書の分析の着眼点および研究方法について提示してゆく。

3　高まる注目と複雑化する関係性

❖ 現代社会の友人研究

（1）友人関係の前景化

まず、友人を扱った諸研究から、現代社会の友人関係がどのようにとらえられてきたか検討する。第2節でも述べたように、友人関係は、議論を交わして合意を目指す公的なつながりから、親密な感情を仲立ちとして形成される私的なつながりに転じてきた。しかしながら、私的なつながりの中心は、長いあいだ家族に占められており、友人への注目はけっして高いものではなかった。

その流れも、ゆっくりではあるが変わりつつある。転換の鍵となるのは、中間集団の動揺とそれに伴う人間関係の選択化である。すなわち、人間関係の選択化をつうじて、関係の維持、形成の自由度が増したゆえに、親密な感情を仲立ちとして形成される友人関係が前景化したのである。

この変化をいち早く分析したのが、パーソナルネットワーク論に依拠した一連の研究である。パーソナルネットワーク論は、人びとの人間関係を、個々人の取り結ぶ二者関係の集積としてとらえる。これまで、人びとの人間関係に焦点をあてた研究は、家族や近隣（自治会や集落）など集団を対象としたものが大半であった。人間関係の研究におけるパーソナルネットワーク論の導入は、人びとが集団軸でなく、個人軸で関係を結ぶようになった事実を反映している。

パーソナルネットワーク論の諸研究のなかでも重要なのが、個人化が進行しつつある時期に発表されたウェルマン（Wellman 1979＝2006）とフィッシャー（Fischer 1982＝2002）の実証研究である。この二つの研究は、いずれも都市社会における人間関係を扱っている。

順に見てゆくと、前者は人びとの取り結ぶ「親しい」関係が、地域を越えて外部にまで拡散していることを、パーソナルネットワーク調査をつうじて明らかにした。[*5] ウェルマンは、この結果から、コミュニティの地理的境界からの解放を指摘している。しかし、本書で注目したいのはその点ではない。パーソナルネットワーク調査をつうじて、親密な関係の地理的拡散を実証したウェルマンの研究は、人びとの取り結ぶ親密な関係がもはや地域に限定されないこと、さらに、それぞれの関係は、個々別々に取り結ばれていることを示したのである。このような関係は、特定の役割構造（地域）ではなく、行為者同士の感情を軸に成立する。これはまさしくギデンズの述べる「純粋な関係」に対応する。

この特定の役割構造に落とし込まれない「友人としかいいようのない関係」（just friends）の出現・増加およびその効果を指摘したのが後者の論考、すなわち、フィッシャーの下位文化論である。[*6] フィッシャーは人口量、密度、異質性という基準で都市の度合いを規定し、人口量、密度、異質性の高い都市では、多様な人に出会う可能性が高く、ゆえに、職場や近隣など社会的な役割構造に埋め込まれない「友人としか言いようのない関係」（just friends）が増えると考えた。そうした人びとのつながりが都市に豊穣な文化を生み出す、というのが下位文化論の要諦である。

フィッシャー自身の研究も含め、下位文化論はすっきりと証明されたとは言いがたい。しかし、それとは別に、彼の研究が友人研究に与えた示唆は大きい。すなわち、友人関係の優越性を指摘する彼の研究は、中間集団の揺らぎと、友人関係の前景化が、北米では遅くとも一九八〇年代前半にはみられた、という事実を物語っているのである。

(2) 前景化とは裏腹の希薄化

友人関係が前景化することで、友人への注目は高まり、友人の役割も拡大すると考えられる。しかしながら、友人を扱った研究では、その希薄化を指摘する声も多い。

友人関係の性質に焦点をあてた研究は、心理学を中心に進められ、その対象はおもに青少年であった。その理由は、青年期の発達において、とりわけ友人との関わりが重要視されてきたことによる。人びとの発達をライフサイクルの諸課題とともに整理したエリクソンは、青年期における友人関係を、自我の探求および確立に重要な役割を果たすものとしている（Erickson 1959＝2011）。

しかしながら、日本では、一九八〇年代の後半から、「新しい青年観」に基づく友人関係の台頭が指摘されるようになった。[*7] すなわち、友人と深く関わろうとせず、互いに傷つけ合わずに、場を円滑にや

＊5　パーソナルネットワーク調査は、回答者個人を軸として、「親しさ」などの基準で彼・彼女の人間関係を把握する手法である。具体的には、調査対象者に「親しい人を五人あげてください」といった質問をし、あげられた五人の属性や居住地を尋ねることで、調査対象者個人の人間関係を特定する。

＊6　もともとこの基準を提示したのは、シカゴ学派の都市社会学者ワースであり、フィッシャーは、これを参照している。

り過ごすことに重きをおく友人関係である。それに伴い、親密性や内面の開示、共感をつうじて自我の確立に寄与するエリクソン型の友人関係は、「従来の青年観」と言われるようになった。また、このような関係の変化は、友人関係の希薄化としてとらえられる向きもあった。

心理学研究では、おもに、大学生を対象とした質問紙調査の分析から、上述の傾向が見出されている。たとえば、岡田（1995）は、新潟県の四年制大学に通う学部生の調査から、若者の友人関係の特性として、気遣い、ふれあい回避、群れの三因子を抽出した。ここで言われる「気遣い」とは、相手に気を遣い、互いに傷つけないよう心がける志向、「ふれあい回避」とは、友人と深い関わりを避けて互いの領域を侵さない志向、「群れ」とは、ノリなど集団の表面的な面白さを追求する志向である。

この分析結果をうけて、岡田は、一九九〇年代以降の友人関係が「従来」のものと異なってきていることを指摘した。同様の結果は、岡田（1993, 2007）、松永・岩本（2008）にも見られている。これらの知見は、若者の友人関係の希薄化を想起するものである。

同様の指摘は社会学者からもなされている。その代表的な論者として土井隆義をあげておこう。土井（2008, 2009, 2014）は、現代社会の友人関係を、お互いの感覚のみに依拠し、相手を傷つけないよう過剰に配慮する「優しい関係」と表現している。「優しい関係」は、相手の感情を損なえば解消される可能性が高いため、相手の心理への過剰なコミットメントを促す。

人びとは友人とのつながりに波風を立てないために、その場にあったキャラを確立し、本音を隠す。友だちとのつながりを欲しながらも、つながった先では安息を得られない。このような友人関係を土井は『友だち地獄』とやや過激に表現した。似たような指摘は菅野（2008）にも見られる。とはいえ、社会学者が展開する議論は、実証的な証拠がやや不足しているという批判もある。そこで次に、社会学者が行った実証研究の結果も見ておこう。

（3）選択化から複雑化へ：社会学系の実証研究より

社会学者が友人関係について行った実証研究も、青少年を対象としたものが多い。しかし、これらの研究ではおおむね希薄化論は否定されている。否定の根拠としてあげられるのは、公開されている社会調査、世論調査、あるいは、研究者自身が行った調査の経年比較の結果である。これらの調査・研究では、調査対象者の友人の数、または、有無、友人関係への満足度や充実度などの経年比較をつうじて、友人関係は希薄化しているわけではないと結論づけている。[*8]

とはいえ、これらの議論が、若者の友人関係を「変化していない」と結論づけているわけではない。また、その議論の内容は、二〇〇〇年前後からそれ以降にかけて微妙に変化している。この変化は、ひと言で言うと選択化から複雑化である。以下、簡単に説明しよう。

二〇〇〇年前後に注目された選択化の議論は、メディア環境の変化、すなわち、携帯電話の普及と密

*7　言説レベルでは、たとえば、栗原（1989）、千石（1991）があげられる。
*8　これについては、橋元（2007（1998））、辻泉（2006）、福重（2007）、浅野（2011）、小藪・山田（2015）、辻泉（2016）を参照されたい。

接に関連する。携帯電話が爆発的に普及した当時は、当該機器が対面的接触を損ない、人間関係を希薄にさせるという批判が数多くなされていた。選択化の議論は、こうした論調への対抗言説として展開された。その要諦は以下の通りである。

選択化言説を展開した論者は、まず、各種調査からみられる諸個人の友人の数や接触の度合いから、若者の友だちづきあいが薄くなっているわけではないことを指摘した。それを踏まえ、それぞれの分析から、彼ら・彼女らの友人関係は、目的に応じて切り替える選択的なものになったと指摘している（辻大介 2007（1999）；松田 2007（2000））。たとえば、遊びや相談など、人びとは目的に応じて、つきあう相手をめまぐるしく変えてゆく。検索能力と接続能力に秀でた携帯電話などのメディアは、こうした生活様式に適合的なのである。

しかしながら、その後に行われた調査結果では、若者の人間関係のより複雑な様相が指摘されている。とくに、最近の調査結果を分析した小藪・山田（2015）や辻泉（2016）は、若者が友人関係において、満たされつつもあっさりした関係を望むことを指摘している。たとえば、友人といるよりも一人でいるほうが落ち着く、親友でも本当に信用することはできないと感じる人が増え、意見が合わないと納得いくまで話すという人は減っている。他方、若者は自らの友人関係におおむね満足している。これらの結果をもとに、現代の若者は、友人関係に満足しつつも抜け出したい、あるいは疲れているという矛盾した感情を抱えていると指摘されている。つまり、友人とのつきあいに、より複雑な感情を抱いているのである。

この結果は、心理学研究の知見と類似している。心理学研究では、親密性や内面の開示、共感をつうじて自我の確立に寄与する「従来の」友人関係に、回避的、表面的で気を遣う友人関係が混在すると指摘されている。心理学、社会学両方の結果をまとめると、友人関係は、たんに濃密なだけでなく、気遣いや儀礼の側面が増え、複雑かつ疲労感を伴うものになりつつあると言えよう。

この現象は友人関係の前景化と密接なつながりをもつ。第1節でも述べたように、友人関係は非常に曖昧かつ不安定なものである。そもそも、関係そのものがお互いの感情によって繋留されるため、関係の存在を視覚的に確認する手段を欠いている。お互い「友人である」という気持ちを更新することによってのみ、友人関係は存続されるのである。

この特性ゆえに、友人関係は純粋化すればするほど、その内部に不安定さを引き込んでゆく。というのも、関係を継続するに足る材料をお互いで見出してゆかねばならないからだ。だからこそ、現代社会の友人関係には複雑なコミュニケーションの技法が混在する。中間集団の動揺は「純粋な関係」としての友人関係を前景化させるため、友人関係はきわめて複雑な様相を帯びるのである。

(4) 友人研究の変遷：これまでのまとめ

かなり多様な議論を扱ってきたので、ここでいったん、これまでの研究から友人関係がどのようにとらえられてきたのかまとめておこう。

友人関係を友情を仲立ちとする関係とするならば、その関係は、近代以前は、公的な意味合いを帯びていた。友人関係は男性同士で、公的な議論を交わす仲だったのである。

近代社会の成立とともに、公的世界と私的世界が分離し、それに伴い友人のあり方も変わってゆく。そこで成立したのが、親密な感情を仲立ちとした友人関係である。しかしながら、二〇世紀の後半までは、親密な関係の中心は家族が占めており、友人関係の役割は限定的なものであった。この風潮を変えたのが、個人化の進展である。

中間集団の動揺をもたらした個人化は、個々人の人間関係を選択的なものに変えた。それとともに、人間関係は「相手と関係を結びたい」という欲求により維持、形成される純粋なものに転じ、関係を繋留する糸口としての感情の役割が拡大した。それに付随して、親密な領域における友人への注目が高まったのである。

しかし、友人関係はその注目の高さと並行して、複雑さも増してゆく。というのも、感情を軸に成り立つ友人関係には、決まり切った形が存在しないからだ。友人関係は、お互いの満足という実態のないものを充足させることで継続するのである。こうした事態に対処するために、人びとの友人関係を成立させるコミュニケーションの技法は、複雑性を帯びてゆく。あるときには回避的な技法、あるときは群れを重視する技法、あるときは自己開示と共感という従来的なつきあい方、と友人関係は複雑さを増し、ときに「地獄」に転じるのである。

4 友人概念の社会的変化を解き明かす

❖ 本書の着眼点

(1) これまでの研究の限界と新たな環境の出現

さて、ここまで諸研究をもとに友人関係の変化について論じてきたが、じつのところ、友人関係がどう変化したのかを客観的にとらえた研究は少ない。

一〇〇年を超える長期的な変化となると、思想史的な変遷を検討した清水やチェンバースがあげられるものの、経年的な変化を検討したものは、管見によるかぎりほぼ見当たらない。特定の質問項目の時点間比較が精一杯のところである。その大きな理由としてデータの不足があげられる。

固有の概念の経年的変化を把握する方法としては、内容分析と質問紙調査があげられる。前者は特定の資料の経年比較、後者は固有の質問項目の経年比較をつうじて時代的な変化を明らかにすることができる。しかし、前者の資料収集には多大な困難と労力を伴う。そのため、これまでの研究は質問紙調査による経年比較が中心を占めていた。ただ、質問紙調査は容易ではあるものの、分析内容が固有の質問項目に限られる。それゆえに情報量が限定される。以上の諸点から、友人関係の経年変化をとらえることは、なかなか難しかった。

しかしながら、近年の情報環境の変化により、内容分析に必要なデータ収集の手間は格段に小さくなった。具体的には、検索機能を備えた情報データベースの整備により、固有の言葉を含む新聞記事、雑誌記事、論文を探し当てることが容易になった。つまり、ある冊子媒体において、固有の言葉を含む記事を抽出し、年次別に比較することが容易になったのである。この機能を使えば、固有の言葉が社会に対してどのように発信されてきたのか、経年的に分析することもできる。

本書は、このデータベースをつうじて、友人概念が社会においてどのように用いられ、どのように変化してきたのか検討する。いわば、友人概念の社会史的分析である。この分析をつうじて、これまで質問紙調査レベルでしか明らかにされてこなかった友人概念の社会的変化を解明する。具体的手続きは次項にて説明する。

（2）分析手続き

分析の対象とするのは、朝日新聞、読売新聞の記事である。日本の新聞は部数の減少が指摘されて久しいものの、二〇一九年時点でも三七八一万一二四八の発行部数をほこる。[*9] いまだに多くの人びとに情報を届ける主要メディアと言いうるだろう。なかでも、朝日新聞と読売新聞は日本最大の発行部数をほこる。[*10] ほぼ毎日発行され、お茶の間に届けられる二紙は、世論を創り出すと同時に、世相を色濃く反映していると考えられる。以上の理由から新聞記事を分析対象とした。

データベースは、両社の記事検索システム（朝日新聞『聞蔵ビジュアルⅡ』、読売新聞『ヨミダス文書館』）を利用した。それぞれのデータベースから「友人」「親友」といった言葉が含まれる記事を検索し、その記事内容等の変化から、友人・親友概念の変化を探る。

対象としたのは、朝日新聞が一九八四年から二〇一八年まで、[*11]読売新聞が一九八六年から二〇一八年までである。対象年が一九八四（一九八六）年からとなっているのは、それ以前になるとデータベースのあり方が変わり、分析に支障を来すからである。分析は、より長い期間のデータが確保されている朝日新聞を中心に行った。また、内容分析にあたっては、「友人」概念ではなく、「親友」概念が主たる対象となっている。その理由は分析可能性にある。

今回の内容分析は、記事の検索、分析対象となるデータファイルの作成、記事の内容分析という手続きを踏んでいる。内容分析のさいには、一つひとつの記事を読み、各記事をコード化し分析を行った。コード化の基準は分析の最中にも変わるため、記事を読むのも一回ではない。以上の手間を考慮すると、分析可能な記事数はあるていど限られてくる。

実際に朝日新聞から「友人」という言葉を含む記事の件数を探ると、一九八四年から二〇一八年まで

＊9　データは一般社団法人日本新聞協会のホームページから取得した（https://www.pressnet.or.jp/data/circulation/circulation01.php　二〇二〇年四月二九日検索）。

＊10　第三者として部数を公査（監査）し、発表・認定している機構ＡＢＣ協会がまとめた数値によると、二〇一九年の全国版の発行部数は、読売新聞が八〇九万九四四五部、朝日新聞が五五七万九三九八部で一位と二位を占める。第三位の毎日新聞の部数は二四三万五六四七部であり、上位二社と大きく水をあけられている（『読売新聞 2020 メディアデータ』https://adv.yomiuri.co.jp/mediadata/files/mediadata2020.pdf　二〇二〇年四月二九日検索）。

＊11　一部、二〇一五年まで。

で一三万七〇七八件もある。これらの記事をすべて読みつつコード化し、分析を行うのは実質的に不可能である。そこで、分析可能性を考慮して、一九八四年から二〇一八年までで九五一四件にとどまる「親友」記事を分析対象とした。

(3) 本書の内容

第1章では、まず、経年比較が可能な社会調査の結果から、友人関係の変化を探る。次いで、朝日新聞、読売新聞に掲載された「友人」「親友」の記事件数の推移から、友人概念の拡がりを検討する。かりに、「友人」に対する社会の注目度が高まっているならば、「友人」「親友」という言葉を含む記事も増えているはずである。一九八四(読売は一九八六)年から二〇一八年までの推移をたどることで、友人概念がどのていど浸透しているのか明らかにする。

第2章では、より詳細な記事内容の分析を行う。具体的には、一九八四年から二〇一五年の間に朝日新聞に掲載された「親友」という言葉を含む記事を検討する。親友という言葉はどういった記事に使われ、また、どのような人が親友という言葉を発しているのか。その傾向に時代的な特徴は見られるのか、といったところに焦点をあて、親友概念を社会という視点から読み解く。

第3章では、いわゆる一般の読者層を対象とした投書欄に焦点をあてる。具体的には、朝日新聞の投書欄『声』を素材に、人びとが親友をどのような文脈で語るのか分析する。これまで、心理学の質問紙調査を中心に検討されてきた親友について、「ふつうの人びと」の投書から帰納的に読み解いてゆく。

第4章は、スポーツのなかでの親友の語られ方について、高校野球を題材に分析する。第2章で確認したように、親友概念は、近年に近づくほど物語性を帯びてゆく。本章では、高校野球という舞台のなかで、親友たちがどういった物語を紡ぐのか、分析・検討する。

第5章では、読売新聞の悩み相談コーナー『人生案内』を素材に、悩みの相談という場面で親友関係がどのように語られてきたのか、分析する。第3章、第4章では、親友関係の正の側面に焦点をあてて分析してきた。本章では、「悩ましい関係としての親友」という負の側面に着目して分析を行う。

終章ではこれまでの結果をもとに、友人・親友概念が私たちの社会にどのように受け止められてきたのかまとめてゆく。

第1章

複雑化する友人関係

1 友人関係のとらえなおし

❖本章の着眼点

序章で確認したように、家族、地域、職場などの中間集団の揺らぎとともに、役割ではなく感情を仲立ちに形成される友人関係の重要性が増してきた。一九七〇年代後半から八〇年代前半に、パーソナルネットワーク・アプローチを用いて行われた実証研究は、人びとが取り結ぶ関係のなかで、友人が前景化してきた事実を示唆していた（Wellman 1979＝2006; Fischer 1982＝2002）。ギデンズ（Giddens 1991＝2005; 1992＝1995）は、役割ではなく、関係そのものに対する欲求により媒介されるつながりを「純粋な関係」とよび、その典型の一つとして友人をあげた。

しかしながら、友人関係の重要性の拡大、前景化とともに、友人関係そのものは複雑さを増してゆく。ギデンズが「純粋な関係」に言及した一九九〇年代前半、心理学の友人研究では、その転換が指摘されていた。人間発達の視点から青年期の友人関係に焦点をあてた心理学研究では、親密性や内面の開示、共感をつうじて諸個人の自我の確立に寄与する友人関係を、「従来の」ものとした。その一方で、計量調査をつうじて、お互いに気を遣い、内面に立ち入らない友人関係、場の雰囲気を優先し、自己を開示しない友人関係が見られることを指摘した（岡田 1993, 1995, 2007）。社会学者が行う若者研究でも、近年に近づくほど、若者の友人関係の複雑さを指摘する研究は増えている。

友人関係の前景化と複雑化は一見すると矛盾するように感じられるが、実のところそうではない。両者はコインの表裏のような関係にある。親密圏の中心を担っていた血縁関係の揺らぎ、および、人間関係の純粋化・選択化により、友人の重要性は拡大した。しかしながら、友人の重要性が拡大したからと言って、友人関係が頑健になるわけではない。というのも、「関係の維持・形成を当事者の感情に委ねる」という友人関係の本質は変わらないからだ。友人関係の前景化は、すなわち、私たちの親密な人間関係が「感情的な親しさ」という不確実なものに委ねられる比重が増すことを意味する。ゆえに人間関係は複雑化してゆく。

本章では、新聞記事の本格的な検討に入る前に、複雑化が指摘される友人関係の諸状況について、今一度確認しておく。具体的には、経年比較が可能な社会調査の検討、および、新聞記事における友人記事、親友記事の推移の分析をつうじ、おもに、一九八〇年代から二〇一〇年代にかけて友人関係がどのように変化してきたのかまとめてゆく。

2　社会調査から見る友人関係の変化

社会調査をつうじて友人関係の変化を検討するには、一定の年月にわたって継続して収集されたデータが必要である。本節では、内閣府（以前は総理府、総務庁）が行った『世界青年意識調査』、NHK放送文化研究所が行った『中学生・高校生の生活と意識調査』、第一生命経済研究所が行った諸調査を比較可能な形に整理した宮木の報告（2013）、青少年研究会の調査結果をおもに用いる。これらはいずれも若年層を対象としている。[*1]

序章でも指摘したように、友人研究は、友人関係が発達的に意義をもつと考えられる青年期を中心に行われた。したがって、経年比較が可能なデータが残っているものも、青年期を対象としたものが多い。その点に留意する必要があるものの、一定の傾向は見られるであろう。

（1）友人関係の大まかなとらえ方

まず、友人関係の大まかなとらえ方について分析し、人間関係における友人関係の前景化が見られるのか確認する。図1―1は『世界青年意識調査』の「あなたは、どんなときに充実していると感じますか。」という設問への回答、図1―2は、同調査の「あなたは、友人（恋人を含む）との関係に満足していますか、それとも不満ですか。」という質問への回答から作成した。充実感は多重選択方式で回答を得ており、満足感は友人・恋人のいる人に対して、「満足」「やや満足」「やや不満」「不満」のなかから択一式で回答を得ている。友人関係満足については、「満足」と回答した人の分布のみを提示している。

この二つの図を見るとわかるのが、若年層は生活のさまざまな側面のなかでも、「友人や仲間といるとき」に充実感を感じ、また、友人関係に強い満足感を抱いているということだ。さらに、充実感と満足感は一九七〇年代後半から一九九〇年代にかけて大きく伸び、その後、高い水準で安定している。まさに、友人関係の前景化である。

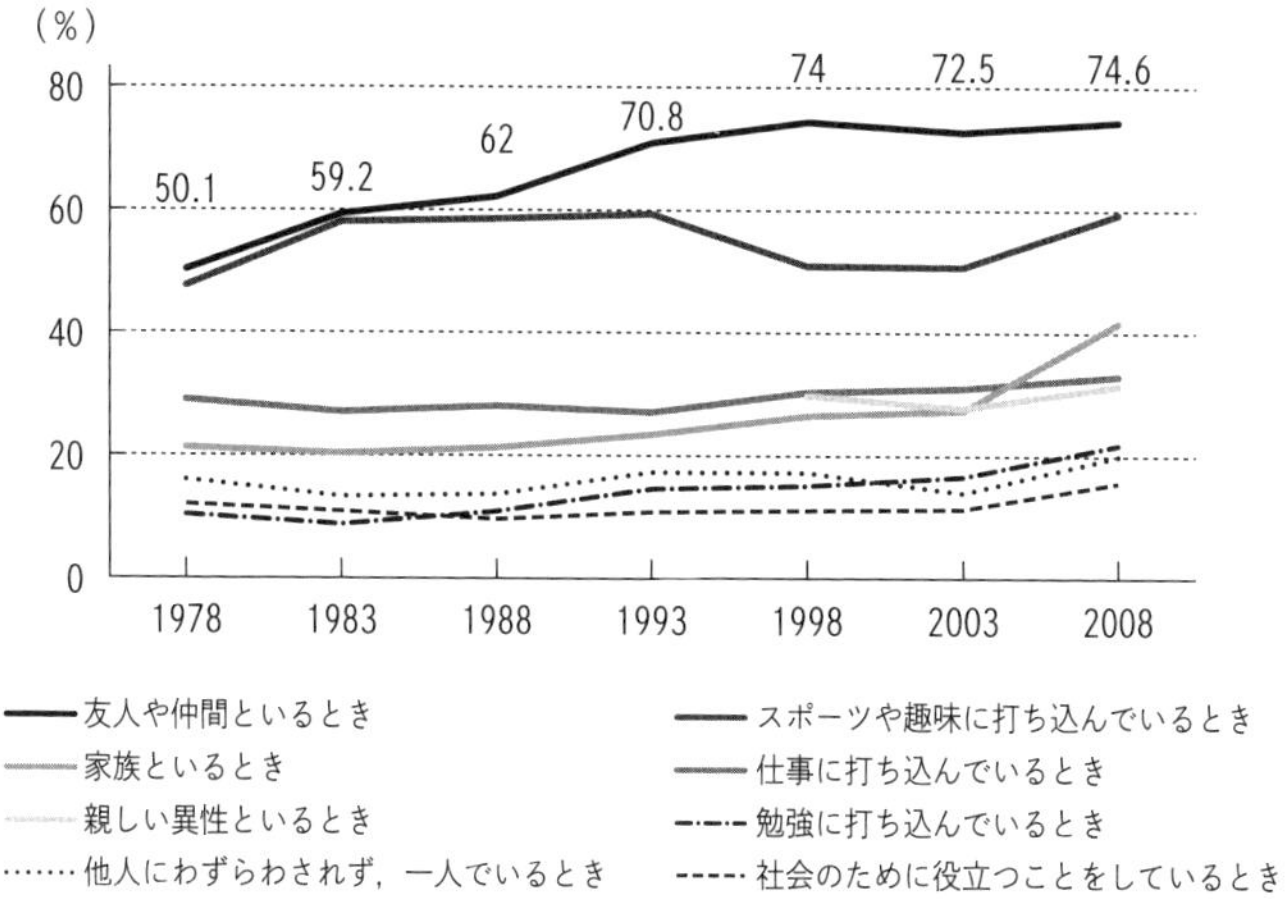

資料：『世界青年意識調査』

図1－1　充実を感じるとき

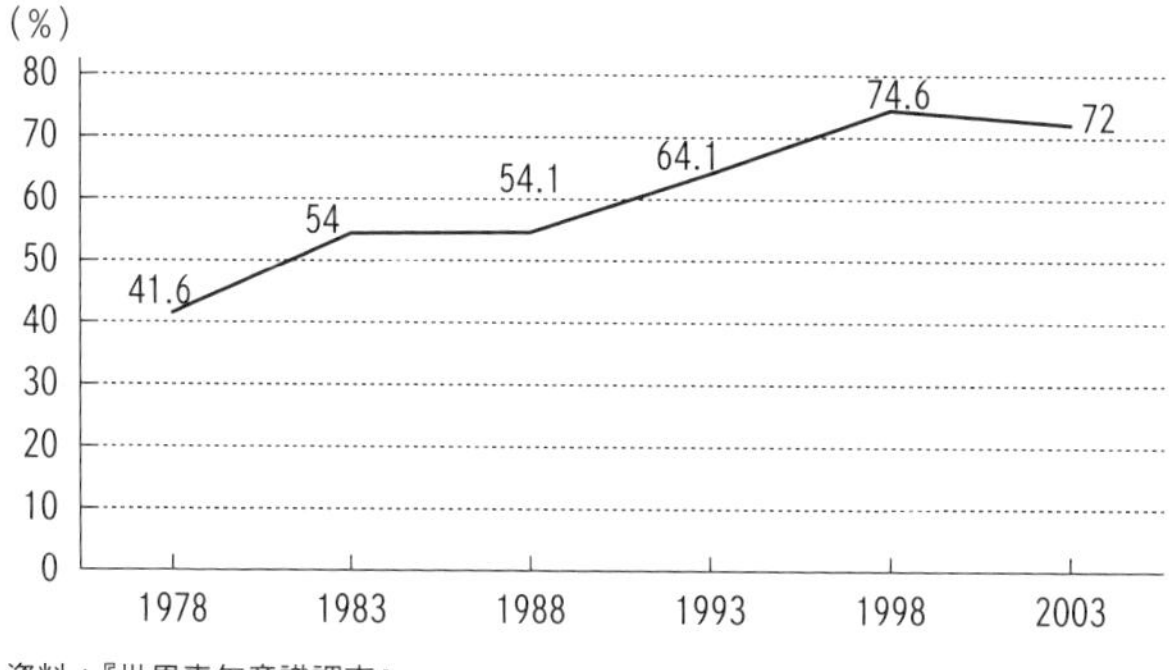

資料：『世界青年意識調査』

図1－2　友人関係の満足

ちなみに、充実感の選択肢のなかで一九七八年から二〇ポイント以上伸びたのは、「友人や仲間といるとき」を除くと「家族といるとき」のみである。友人関係の前景化と同時に家族に対する意識も高まっているのである。しかも、その意識は、二〇〇〇年代から急速に高まっている。

『世界青年意識調査』の後継調査である『我が国と諸外国の若者の意識に関する調査』でも似たような質問が行われている。しかし、充実感については、項目ごとの択一式(四件尺度)でなされており、満足感については、「恋人」は除かれ、友人のいない人も含めて、満足感を尋ねている。また、調査対象の年齢も異なる。そのため、この二つの調査結果を単純に比較することはできない。

参考までに結果を書いておくと、充実感については、「友人や仲間といるとき」について、「あてはまる」「どちらかといえばあてはまる」と回答した人は、二〇一三年八〇・三%、二〇一八年七四・四%と変わらず多い。一方、満足感については、「満足」と答えた人は、二〇一三年一二・七%、二〇一八年一八・四%と激減している。比較対象として行われた諸外国の調査結果に比べても、日本の若者が友人関係に抱く満足は少なく、ここから、友人関係への満足の低下を読み取ることができる。しかしながら、一〇年前(二〇〇三年)の七割台から一割台まで落ち込むとは考えがたく、この結果は、調査方式の違いにより生じたと解釈したほうがよかろう。

『中学生・高校生の生活意識調査』の結果も見ておこう。『中学生・高校生の生活意識調査』では、学校が楽しいかどうか尋ねた後で、「何がいちばん楽しいか」について、「授業」「課外の部活動」「友だちと話したり一緒に何かしたりすること」「先生と話したり一緒に何かしたりすること」「その他」から択一式で答えてもらっている。図1―3は、このなかで「友だちと話したり一緒に何かしたりすること」と答えた人の経年分布を示している。

これを見ると、中学生、高校生いずれも、一九八〇年代前半に比べ、「友だちと話したり一緒に何かしたりすること」を「いちばん楽しい」と感じる人が減っている。しかしながら、この減少分は、「課外の部活動」の増加分で補うことができる。「課外の部活動」を「いちばん楽しい」と感じている人は、一九八二年の一九・一％（中学生）、一四・二％（高校生）から、二〇一二年には二七・四％（中学生）、一八・九％（高校生）に増えている。課外活動を広義の友だちづきあいと解釈すると、学校のなかで友人との活動を「いちばん楽しい」と感じている人は変わらず多いと言える。

以上の結果から、経年比較可能なデータを見ると、若者の友人関係は、おおむね、良好だと言える。若者の友人関係に対する重要度は、一九七〇年代後半から九〇年代まで急激に伸びていた。この時期は、友人関係の前景化が指摘されたタイミングと重なる。それに付随して友人関係の満足度も上がっている。さらに、学校のなかにおいては、友人関係は変わらず「いちばん楽しい」ものと認識されているのである。

＊1　対象年齢は、『世界青年意識調査』が一八～二四歳、『中学生・高校生の生活意識調査』が中学生と高校生、宮木の報告は一六～二九歳、青少年研究会の調査は一六～二九歳を対象としている。ちなみに一九七八年から五年おきに行われていた『世界青年意識調査』は、二〇〇八年で終了となり、二〇一三年からは『我が国と諸外国の若者の意識に関する調査』に引き継がれた。しかしながら、同調査は対象年齢が一三～二九歳に変わり、また、質問文も似てはいるものの異なっている。したがって、『我が国と諸外国の若者の意識に関する調査』の結果は参考として提示する。

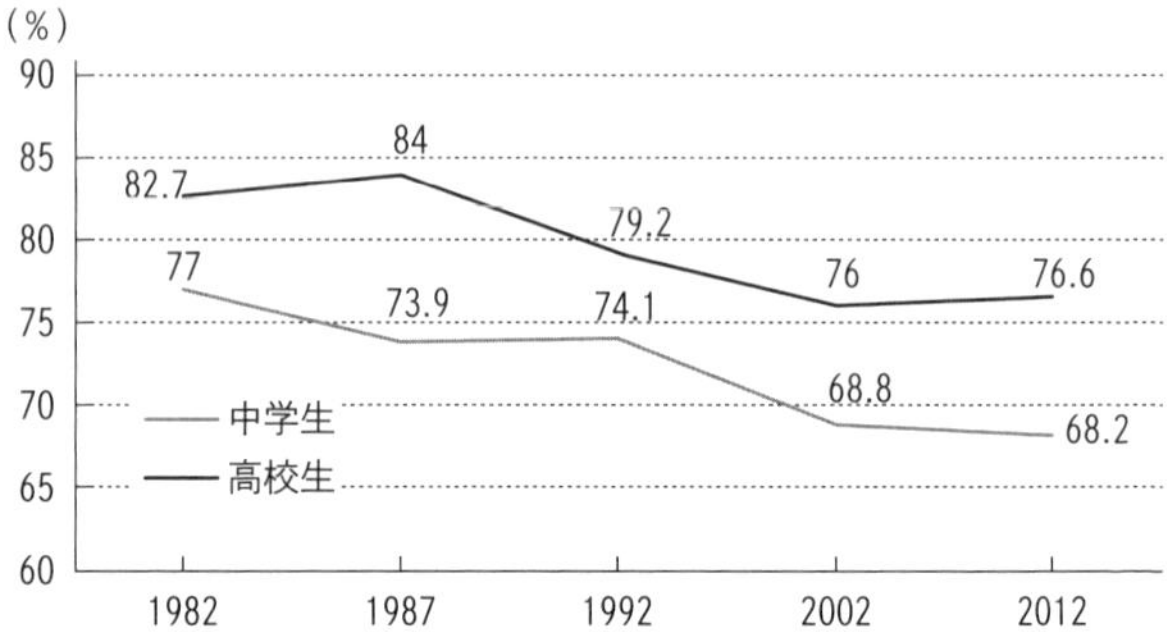

資料：『中学生・高校生の生活意識調査』

図1－3　友だちといて楽しい人

（2）友人関係の中身1：自己開示

それでは次に、友人関係の中身の変化について見てゆきたい。友人研究では、友人関係はお互いに自己を開示しながら深めてゆく「従来の」ものに、極力本音を見せず、その場の空気を共有する「新しい」ものが加わりつつあると指摘されてきた。本項では、友人の相談相手としての役割から、その点を検討したい。相談をするには自己を開示しなければならず、その役割の変化は友人関係の中身の変化を表していると考えられる。

図1－4、図1－5は『世界青年意識調査』および『中学生・高校生の生活と意識調査』の悩み事の相談相手を特定した質問において、「友だち」および「母親」を選んだ人の比率の経年変化を表している。『世界青年意識調査』では、「あなたは、悩みや心配ごとがあった場合、だれに相談しますか。」という質問に対し、「近所や学校の友だち」「母」を含む一二〜一九の選択肢を提示し、多重選択方式で回答を得ている。『中学生・高校生の生活と意識調査』では、「あなたが悩みごとや心配ごとを相談するとしたら、主に誰に相談しますか。」という質問に対し、「友だち」「お母さん」を含む九つの選択肢を提示し、択一式で回答を得ている。

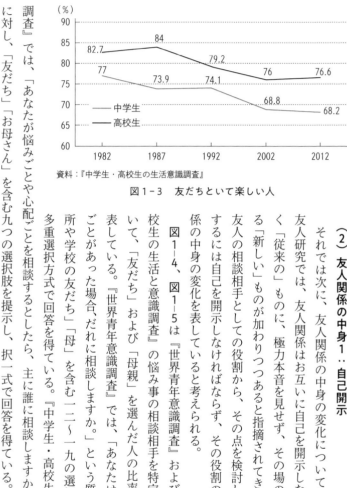

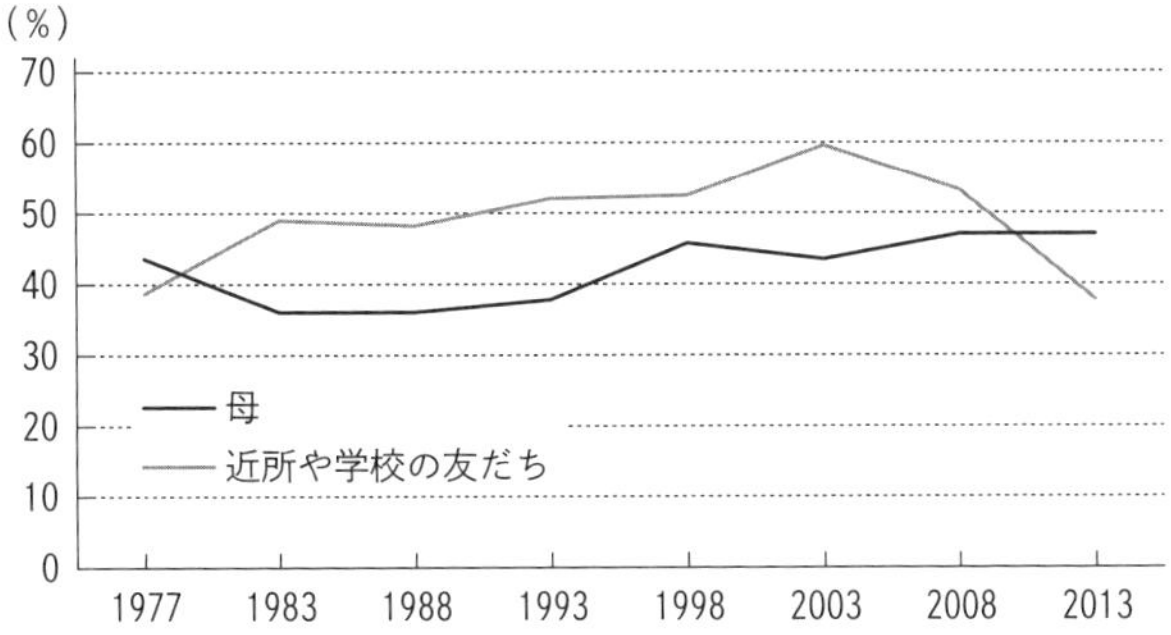

資料：『世界青年意識調査』

図1−4　悩みの相談相手1

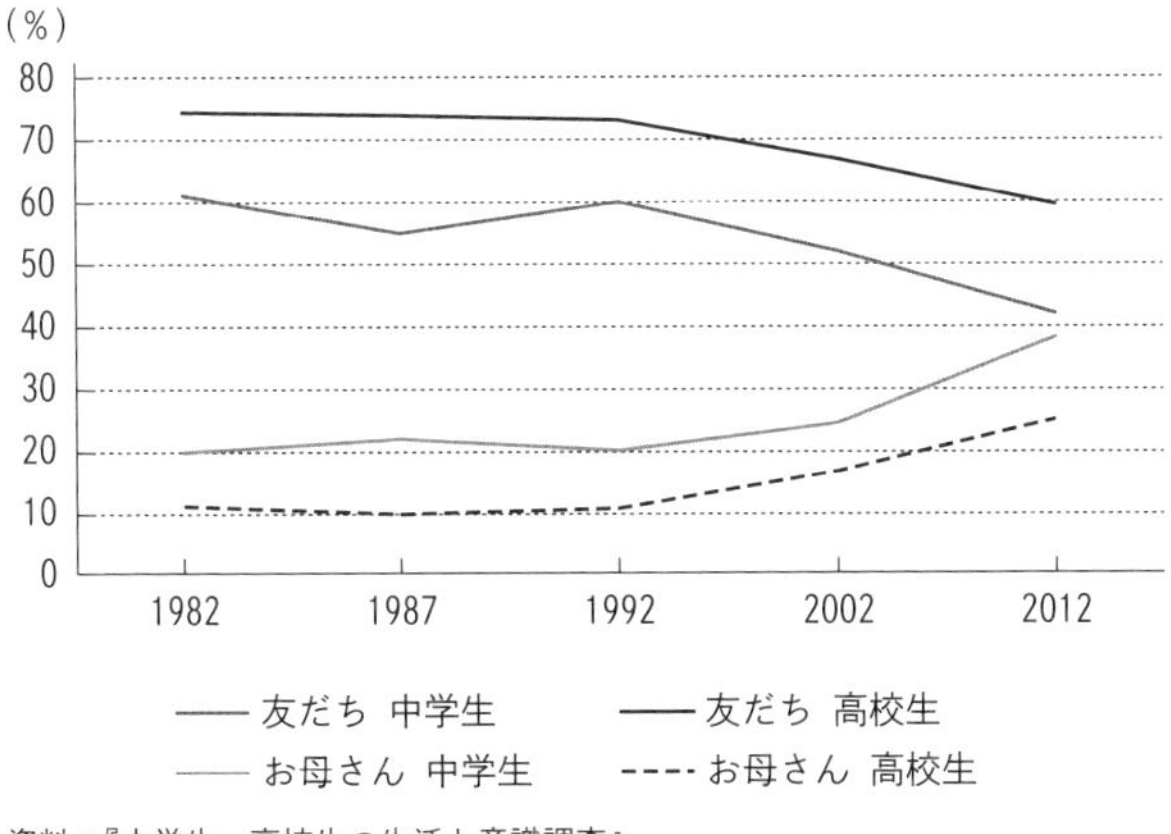

資料：『中学生・高校生の生活と意識調査』

図1−5　悩みの相談相手2

　ちなみに、図1−4の二〇一三年の数値は、『世界青年意識調査』の後継調査である『我が国と諸外国の若者の意識に関する調査』の結果である。この質問については、対象年齢の違いはあるものの、設問方式はほぼ同じなので、[*2] 経年比較を行うことができる。

　この図を見ると、

＊2　質問文は「あなたは、悩みや心配ごとがあった場合、だれに相談したいと思いますか。」であり、回答方式は多重選択方式である。

どちらの調査でも友だちに相談する人が減り、母親に相談する人が増えている。『世界青年意識調査』では、二〇〇三年をピークに友だちに相談する人が減り、母親に相談する人は、一九七八年から八三年にかけては落ち込むものの、その後、増加傾向にある。最新の調査では、ついに、母親に相談する人が友だちに相談する人を超えた。

『中学生・高校生の生活と意識調査』では、友だちが縮小し、母親が増えるタイミングがもう少し早く、一九九〇年代から始まっている。最新の中学生の調査では、主な相談相手として友だちと母親はほぼ拮抗している。

前項の結果によると、若者は友人関係を充実感の源泉と見なし、友人関係に満足し、友人とのつきあいが学校でいちばん楽しいと考えている。しかしその一方で、友人に自己を開示し相談する機会は着実に減っているのである。この結果は、友人には囲まれているものの、自己開示はしない、という複雑な関係性を指摘した先行研究の言説と合致する。

それでは、若者がだれに自己開示をするのかというと、数ある選択肢の中で圧倒的に増えてきたのが母親である。前項の分析でも家族は充実感の源泉として存在感を増していることが明らかになった。友人関係の複雑性が増すなかで、母親は若者の情緒的サポート役としての存在感を増しているのである。むしろ、友人関係が前景化し、複雑性が増したからこそ、温かさの幻想の残る家族（母親）に頼る人が増えているのかもしれない。

（3）友人関係の中身2：さまざまな特性

最後に、友人関係のより詳細な特性について、第一生命経済研究所の調査（宮木 2013）および青少年研究会の調査（辻泉 2016）から確認しておこう。第一生命経済研究所の調査は一九九八年、二〇〇一年、二〇一一年、青少年研究会の調査は二〇〇二年、二〇一二年に行われている。調査対象の年齢はいずれも一六〜二九歳である。この二つの調査は、先の調査に比べ、対象期間がやや短いものの、経年比較できる貴重なデータのため、結果を記載する。

友人の数

まず、友人の人数について見てゆこう。第一生命経済研究所の調査は、二〇〇一年と二〇一一年、青少年研究会の調査は二〇〇二年と二〇一二年であり、ほぼ同じ時期にデータを得ている。

表1‐1はそれぞれの調査で回答された友人数の平均値である。第一生命経済研究所の調査の「「親友」と呼べるような人」が青少年研究会の調査の「親友」に対応し、「ふだん、よく会っておしゃべりする人（職場や学校で会って話す友人も含む）」が「仲のよい友人」に対応すると考えられる。それぞれを比べると、第一生命経済研究所の調査結果のほうが友人数が少なく、また、一〇年間で友人関係が縮小したという結果になっている。この結果については、情報通信端末を介してつながる友人の扱いによると考えられる。

前者の調査は、「ふだん、電子メールで連絡をとりあう人」「ふだん、電話で連絡をとりあう人」とい

表１－１　若者の友だちの人数

第一生命経済研究所調査		2001	2011	青少年研究会の調査	2002	2012
「親友」と呼べるような人	男性	2.92	2.73	親友	3.8	4.5
	女性	2.73	2.54	仲のよい友人	14.7	22.3
ふだん、よく会っておしゃべりする人	男性	9.92	8.66	知り合い程度の友だち	33.4	74.5
(職場や学校で会って話す友人も含む)	女性	7.45	8			

う形で、情報通信端末を介したつながりを分けている。一方、後者の調査は、そうした区別をしていない。

二〇〇〇年前後から二〇一〇年前後の一〇年間は、携帯電話によるインターネットへの接続機能が充実し、さらにスマートフォンが普及した時期に当たる。そのため、情報通信端末を介した友人の扱いが結果を大きく左右したと考えられる。これについては、青少年研究会の調査を分析した辻泉（二〇一六）も同様の指摘をしている。

まとめると、友人の人数については、親友と呼べる濃密な関係は三、四人ていどであり、著しい縮小傾向も拡大傾向も見られない。仲のよい友人は、それよりさらに増え、一〇人から二〇人ていどいる。拡大・縮小傾向については、情報通信端末を介した友人も含めるとやや増えているようだ。激増傾向にあるのは、知り合いていどの「うすい」つながりの友人である。

二〇〇〇年代に生じた友人関係の変化を人数ベースで見てゆくと、友人については、その核となる親友の数は少人数で推移し、目立った増減も見られない。一方、その周縁にある濃密とも希薄とも言いがたい「友人関係」は着実に増えている。人びとの接続を容易にした、端末を介したつながりの普及は、諸個人が管理すべき友人の数を格段に増やしたのである。では、管理すべき友人が増えたなか

表1－2　若者の友人とのつきあい方

第一生命経済研究所調査		1998	2001	2011
多少自分の意見をまげても、友人と争うのは避けたい	男性	46.5	57.6	66.2
	女性	60.5	61.6	73.3
友人との話で「適当に話を合わせている」ことが多い	男性	39.5	48.1	54.1
	女性	43.1	38.4	45.2
友人は多ければ多いほどいいと思う	男性	69.5	69.7	59.4
	女性	62.9	58.1	47.4
友人との付き合いのために、親や家族を多少犠牲にするのはやむをえないと思う	男性	50.4	41.3	33.8
	女性	43.1	34	32.6
ときどき友人に嘘をついてしまう	男性	45.3	40.7	24.8
	女性	47.3	37.5	28.9

青少年研究会の調査	2002	2012
意見が合わないと納得いくまで話す	50.2	36.3
遊ぶ内容によって友達を使い分ける	65.9	70.3
友達といるより一人が落ち着く	46	71.1
友達と連絡を取っていないと不安	80.9	84.6

で、関係の中身はどう変化したのだろうか。引き続き検討してゆく。

友人関係の内実

表1－2は、友人関係のあり方について尋ねたそれぞれの調査結果のまとめである。各項目について四件尺度で尋ねた質問に対し、「よくある」「ときどきある」と答えた人の比率をまとめている。二つの調査で同じような意図をもった質問項目がなるべく隣に配置されるようにしている。

この質問から友人関係の内実を探ると、心理学研究で指摘される「新しい」関係への移行が見られる。すなわち、自らの主張を控え相手に合わせる傾向や、そもそも、友人関係から距離をおこうとする傾向が見られる。まず、「自らの主張を控え相手に合わせる傾向」について、前段（自らの主張を控える）と後段（相手に合わせる）に分けて検討しよう。

自らの主張を控える傾向は、第一生命経済研究所の調査の「多少自分の意見をまげても、友人と争うのは避けたい」、青少年研究会の調査の「意見が合わないと納得いくまで話す」という質問への回答から見出すことができる。若年世代のうち、「多少自分の意見をまげても、友人と争うのは避けたい」と考える人は大きく増えている一方で、「意見が合わないと納得いくまで話す」人は大きく減っている。つまり、互いの主張がぶつかり合うならば、その主張は取り下げようと考える人が増えているのである。この結果は、相手に合わせる傾向を反映しているとも考えられる。

相手に合わせる傾向は、「友人との話で「適当に話を合わせている」ことが多い」「遊ぶ内容によって友達を使い分ける」という質問への回答から読み取ることができる。先ほどの結果ほど顕著ではないものの、年を経て、人びとが友人と「適当に話を合わせる」傾向や、遊ぶ内容により友だちを使い分ける傾向が強まっている。つまり、自らを相手に合わせる一方で、自らの状態に応じて相手を使い分けているのである。そこには、内面を開示し、共感し合う「従来の」友人像とは異なった姿がある。

そもそも、友人関係から距離をおこうとする傾向については、「友人は多ければ多いほどいいと思う」「友人との付き合いのために、親や家族を多少犠牲にするのはやむをえないと思う」「友達といるより一人が落ち着く」という質問への回答から見いだせる。友人が多いといいと思う人、友人とのつきあいで家族を犠牲にするのをよしとする人はかなり減り、友人といるより一人でいるほうが落ち着く、という人が増えている。

その一方で、これまでの知見とは矛盾した傾向も見られる。「友達と連絡を取っていないと不安」な人は二〇一二年になると八五％弱にまで拡大し、「ときどき友人に嘘をついてしまう」人は、九〇年代後半から比べると激減している。つまり、友人関係から撤退したいものの連絡はとっていたい、友人と対立しないように自らの言説を調整するものの、それが嘘にはならないように配慮したい、といった意識がはたらいているのである。この結果は現代社会の友人関係の複雑な様相を明示している。

（4）友人関係をもてあます現代：社会調査からわかること

ここまで、諸社会調査から友人関係がどのように変わったのか確認してきた。その傾向はおおむねこれまでの研究で指摘されてきたものと同様であった。すなわち、友人関係が前景化しつつも、複雑化する様相が見られたのである。

友人関係に満足を感じる人や、友人・仲間といるときに充実感を得ている人は、一九七〇年代後半から一九九〇年代後半にかけて急速に増えた。また、学校での諸活動のなかで、友だちづきあいがいちばん楽しいと感じている人は変わらず多い。

一九七〇年代後半から一九九〇年代は、人間関係においても個人化が進み、関係が純粋化した時期にあたる。こうしたなかで、純粋な関係の典型である友人関係が前景化した。それに付随して、生活の諸場面のなかでも、友だちとのつきあいにおいて充実感を感じる若者が増えていったのである。

一九九〇年代後半以降になると、友人関係の構造にも変化が生じる。情報通信端末の進化と普及は、ある人からある人へのアクセスをきわめて簡単にした。アクセスできる人が増えることにより、友人関係の構造は変質を遂げる。すなわち、関係の中枢を占める数名については、人数的に変わらないものの、その外縁にあたる「仲の良い」「知り合いの」友だちが拡大していったのである。

友人関係の前景化および外縁の拡大とともに、友人関係の中身も変化していった。その変化は、関係の希薄化を想起させるものであった。純粋化し、拡大してゆくなか、友人関係はお互いの「本音」を共有し、深めてゆくものではなくなりつつある。人びとは、意見をぶつけ納得いくまで話すのではなく、意見を曲げて争いを避ける選択をする。本音を吐露する相談は、友人ではなく母親に対して行われるようになりつつある。

そもそも、友人関係から撤退する傾向も見られる。友だちが多いことをよしとする傾向は縮小し、一人でいると落ち着くと感じている人が増えている。その一方で、友だちと連絡を取っていないと不安を感じる人は変わらず多い。

これらの結果から見えてくるのは、前景化、拡大化した友人関係をもてあます現代人の姿である。若者の多くは前景化し、拡大した友人関係に満足し、充実感を得ている一方で、当該関係をもてあましつつある。今や、若者にとって管理しきれないほど、友人関係の比重は心理的および量的に拡大しているのである。だからこそ、彼・彼女らは、友人との接触を望みつつも、本音は出さず、争いを回避し、相談もせず、ときにその関係からの撤退を望むのである。

3 新聞記事の件数からみる友人関係

さて、それでは、新聞記事において、友人はどのように扱われてきたのだろうか。本節では、社会における友人関係への注目の高さを探るために、友人にまつわる記事の件数の推移を分析する。分析の対象は、朝日新聞のデータベース『聞蔵ビジュアルⅡ』において一九八四年から二〇一八年にかけて抽出された記事総数、および、読売新聞のデータベース『ヨミダス文書館』において一九八六年から二〇一八年にかけて抽出された記事総数である。

(1) 友人関係への注目1：総量からの検討

まず、最も基本的な分析として、朝日新聞、読売新聞に「親友」、「友人」という言葉を含む記事（以下、親友記事、友人記事とする）がどのていど掲載されたのか確認しておこう。図1-6は朝日新聞、図1-7は読売新聞の検索結果である。この図を見ると、両紙において、友人または親友という言葉を含んだ記事が、単線的に増えてきたわけではないことがわかる。

朝日新聞、読売新聞ともに、また、友人記事、親友記事いずれにおいても、一九八〇年代半ばから後半にかけて急増し、一九九〇年代半ばまでは微増傾向を示す。その後、友人記事、親友記事は、九〇年代半ばから二〇〇〇年代前半にかけて、再度急増してゆく。したがって、一九八〇年代から九〇年代は、

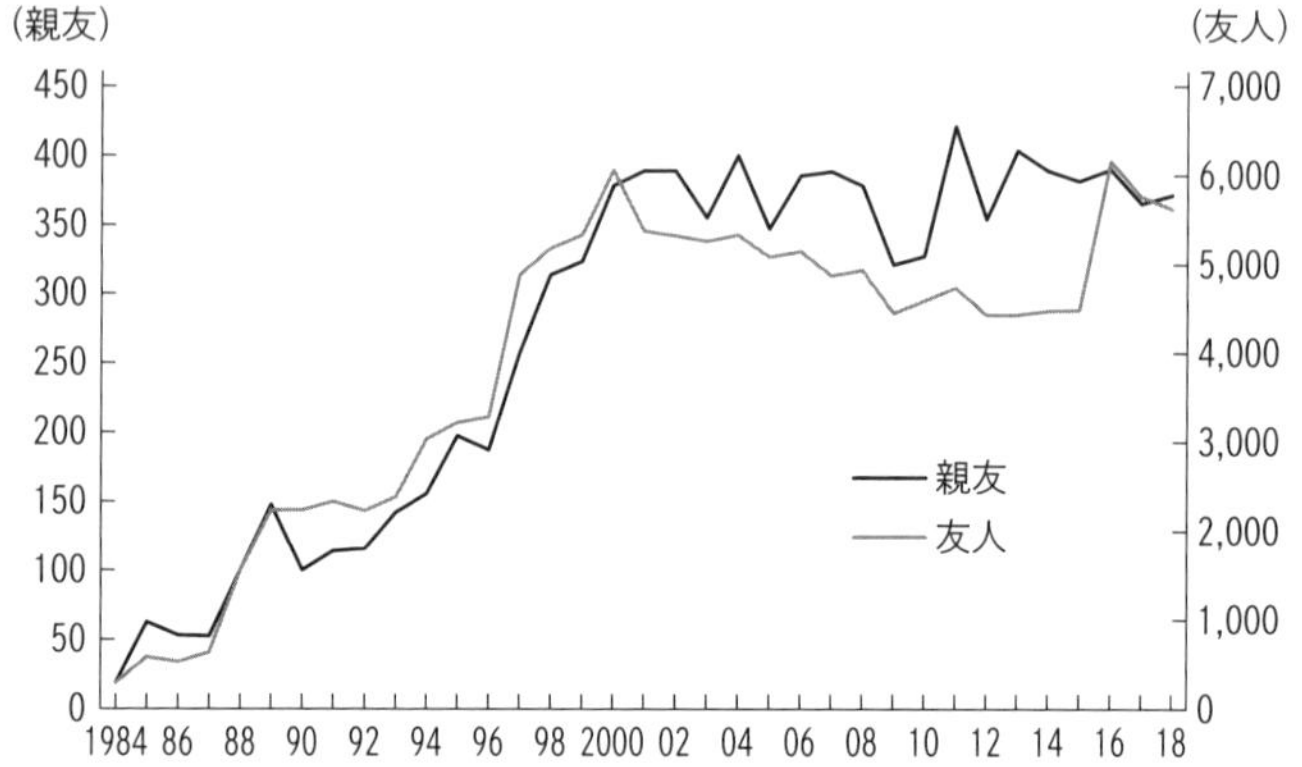

図１－６　友人関連記事数の推移（朝日新聞）

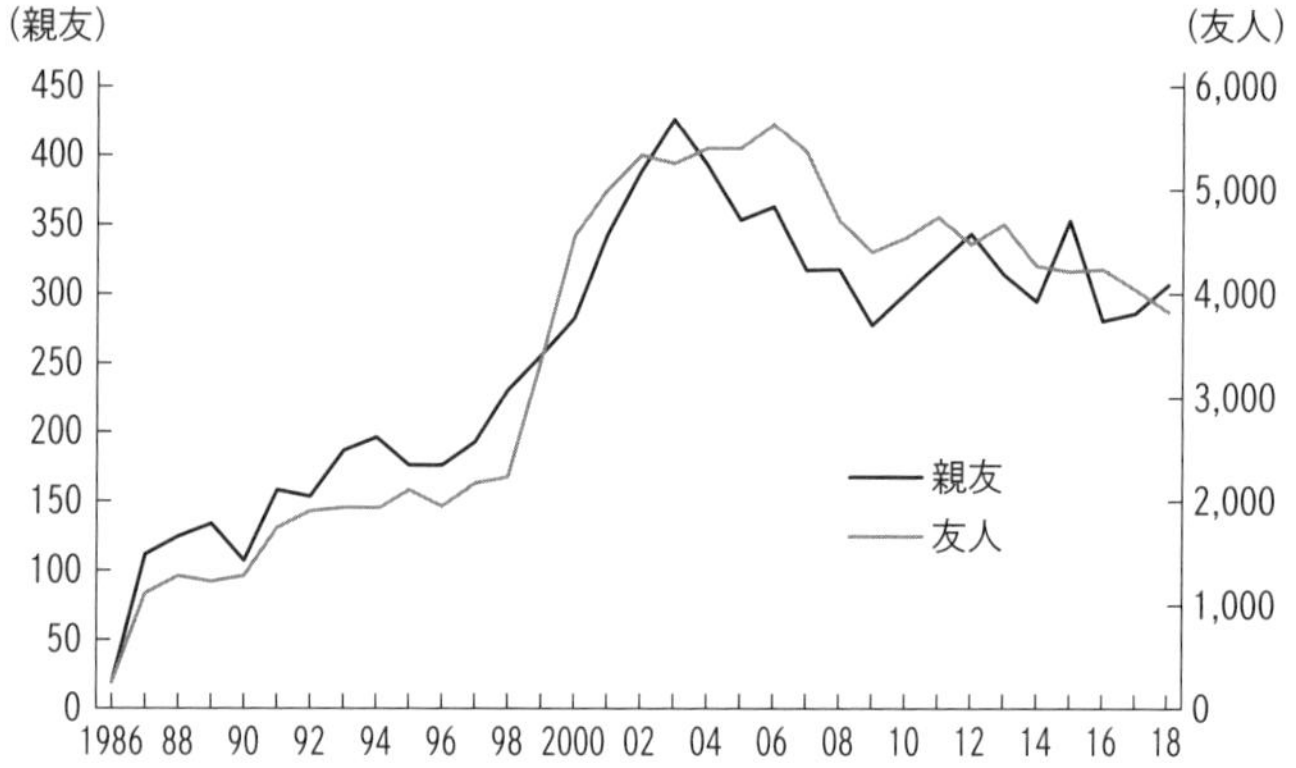

図１－７　友人関連記事数の推移（読売新聞）

注：各図の左側は親友記事の件数、右側は友人記事の件数を表している。

友人記事、親友記事いずれも急増期にあったと言えよう。前節でみたように、この時期は、友人関係の満足度や友人関係から充実感を得る人が急増したタイミングと重なる。友人関係の前景化とともに、友人、親友という言葉の、メディアにおける登場件数も増えたのである。

しかし、記事件数のピークは、おおむね二〇〇〇年代前半までである。その後、朝日新聞の親友記事のみほぼ平行線を辿るが、読売新聞の親友記事および両紙の友人記事は、ともに減少傾向を示す。ただし、朝日新聞の友人記事は、二〇一六年に再び一九九〇年台後半の水準まで増え、その後また減少するという、やや特異な動きを見せる。

新聞での登場件数を社会的関心の高さとやや強引に判断するならば、友人関係への関心は、八〇年代から九〇年代後半にかけて急速に高まったものの、それ以降は平行線あるいは微減傾向にあると言えよう。

（2）友人関係への注目2：出現率からの検討

さて、新聞の記事検索システムは、年によって検索のもととなるデータが異なるため、検索をつうじて提示される記事の総件数も変わってくる。たとえば、朝日新聞で友人記事、親友記事が急増した一九九〇年代半ば以降は、検索される記事に占める「地域面」の割合が急増している。これは、検索システムに、一九九七年以降、沖縄県以外の全都道府県の地域面の記事が含まれた結果だと考えられる。

その点に鑑みると、記事数の増減は、単純に、検索システムに収蔵されている総記事数の増減を反映

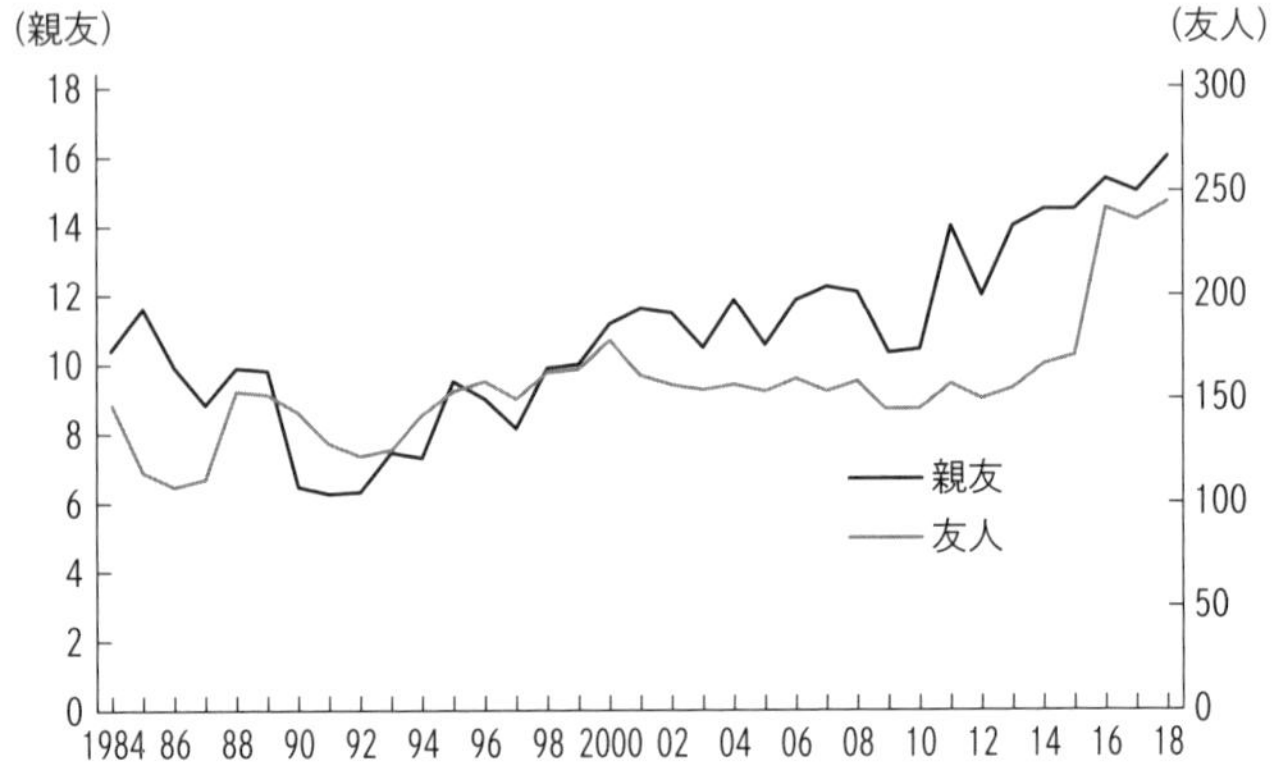

図1－8　友人関連記事比率の推移（朝日新聞）

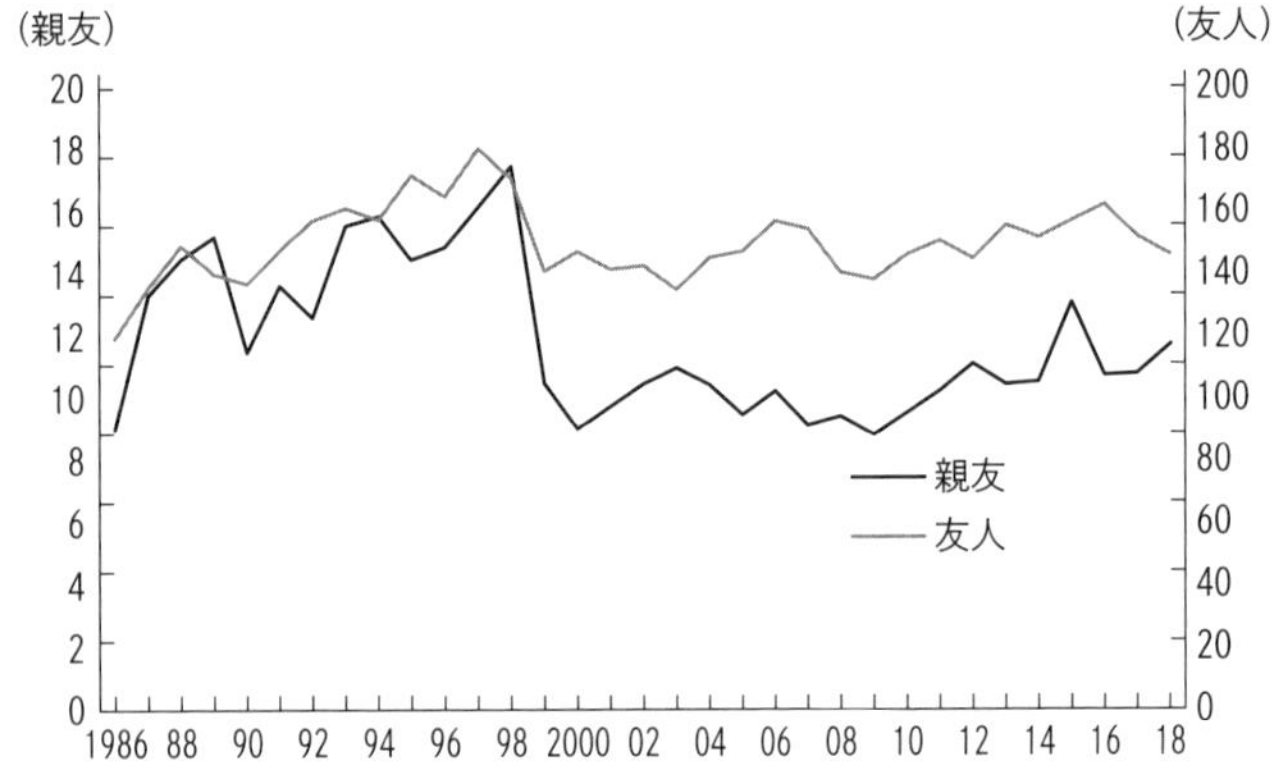

図1－9　友人関連記事比率の推移（読売新聞）

注：各図の左側は親友記事の出現率、右側は友人記事の出現率を表している。
注：数値は、１万件あたりの出現数である。

したただけの可能性がある。したがって、記事件数の推移を見るだけでは、各年における友人記事の多寡を判断し得ない。そこで、以下では、データベースで検索されうるすべての記事に対して、友人、親友記事がどのていど含まれるか確かめ、新聞というメディアにおける友人関係への注目の高まりを探ってゆく。[*3]

図1-8、1-9は、それぞれの年のデータベースに収蔵される記事一万件あたりの友人記事、親友記事の出現頻度を示している。図をみてまず明らかになるのは、友人、親友という言葉が新聞記事に登場する頻度の少なさである。記事総数との比で見た場合、親友記事は、一万件に一〇~二五件ていどしか登場しない。比較的多い友人記事ですら、朝日新聞で一〇〇~二五〇件くらい、読売新聞では一二〇~一八〇件くらいである。

序章で私は、一九八四年から二〇一八年の間に友人、親友という言葉を含む記事が大変多く登場したと述べた。しかし、全体の記事数からみると、非常にわずかな数であることがわかる。世の中に情報を伝達する新聞というメディアの特性によるのかもしれないが、私たちが新聞を目にして、友人、親友という言葉の入った記事を読む機会は、非常に少ないということである。

次に、出現率の推移を見てゆこう。出現率になると、記事数に比べ極端な上昇は見られない。二つの

＊3　実際には、生活面や芸能面、社会面などの各面が検索対象となった時期も異なるため、各面単位で分析をした方が、収蔵対象による歪みは抑えられる。そこで、生活面に対象を絞って分析したところ、同じような形状のグラフになった。以上の検討を踏まえ、本書には総記事数における出現率を掲載した。

新聞に共通して見られる点を探ると、友人記事については、朝日新聞で数値の跳ね上がっている二〇一六年以降の三年間を除くと、似たような傾向を示す。両紙とも、一九八〇年代から出現率が増えてゆき、二〇〇〇年前後をピークにいったん減少する。その下落の幅は読売新聞のほうが大きい。下落以降は、同じような水準のままほぼ平行線を辿っている。

親友記事の出現率は二つの新聞の間で違いが見られた。朝日新聞では、親友記事は、一九八四年から九二年まで下落基調にあったが、その後反転し、二〇一八年まで増加傾向にある。一方、読売新聞では、一九八七年から一九九八年までは増加する傾向にあるものの、その年を境に一挙に下落し、以降は同じくらいの出現率である。共通しているのは、九〇年代には増加傾向にあるということのみである。

以上の結果を質問紙調査の結果と関連づけてまとめると、興味深い知見が得られる。生活のなかでの充実感の源泉や相談相手としての友人の役割が拡大した八〇年代、九〇年代には、友人記事、親友記事の出現率、本数も上昇した。一方、その傾向が下落・停滞し、友人関係が複雑さの度合いを強める時期に、友人記事（読売新聞においては親友記事も含む）の出現率、本数も停滞したのである。つまり、新聞というメディアでの友人の登場頻度も停滞したのである。

（3）その他の言葉を通した検討：「家族」「孤立・孤独」との比較

新聞記事データベースの分析から、友人記事、親友記事の出現率、本数は、二〇〇〇年代以降に焦点を絞るならば、朝日新聞の親友記事を除くと、いずれも下落・停滞傾向にある。この時期は、情報通信端末の普及とともに、友人関係が拡大し、複雑性を増した時期と重なる。そこで、この時期の人間関係の変化を探るために、人間関係にまつわる特徴的な言葉の出現率を確認し、それらと友人にまつわる記事の出現率を比較検討してゆく。

図1−10、1−11は同じデータベースから、家族（図1−10）、および、孤独または孤立（図1−11）という言葉を含む記事の出現頻度を算出し、その推移を示したものである。家族、孤独・孤立いずれにおいても、朝日新聞、読売新聞で似たような傾向を示している。

家族記事の出現率は、一九八〇年代半ばからほぼ右肩上がりに増えている。また、出現率の実数も友人にまつわる記事に比べて多い。この点について、友人にまつわる記事のなかでも出現率の高い友人記事と比べてみよう。友人記事は、朝日新聞では、例外的に出現率の増えた二〇一六年以降を除くと、一万記事あたり、一〇八件（一九八六年）から一七八件（二〇〇〇年）にとどまる。読売新聞でもこの数値はほぼ同じで、最低が一一九件（一九八六年）、最高が一八〇件（一九九七年）である。

一方、家族記事については、朝日新聞が二九八件（一九八四年）から五五八件（二〇一八年）、読売新聞が二七六件（一九八六年）から五二四件（二〇一五年）と、その数がかなり大きく、また、幅も広い。しかも、最低は一九八〇年代、最高は二〇一〇年代になっており、出現率の右肩上がりを反映する結果になっている。この結果は、親密圏の中心を占めていた家族に対する社会からの注目の高さと、その高まりの両方を示している。

孤独・孤立という言葉を含む記事については、一九八〇年代後半から一九九〇年までのわずかな期間

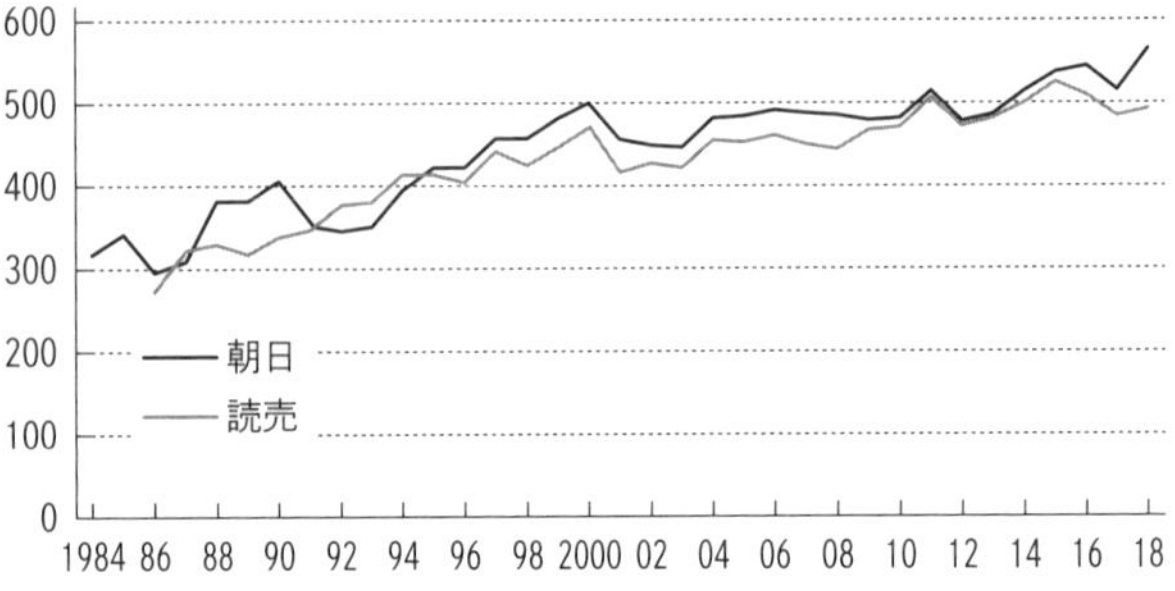

図１-10　家族関連記事比率の推移（１万件あたり）

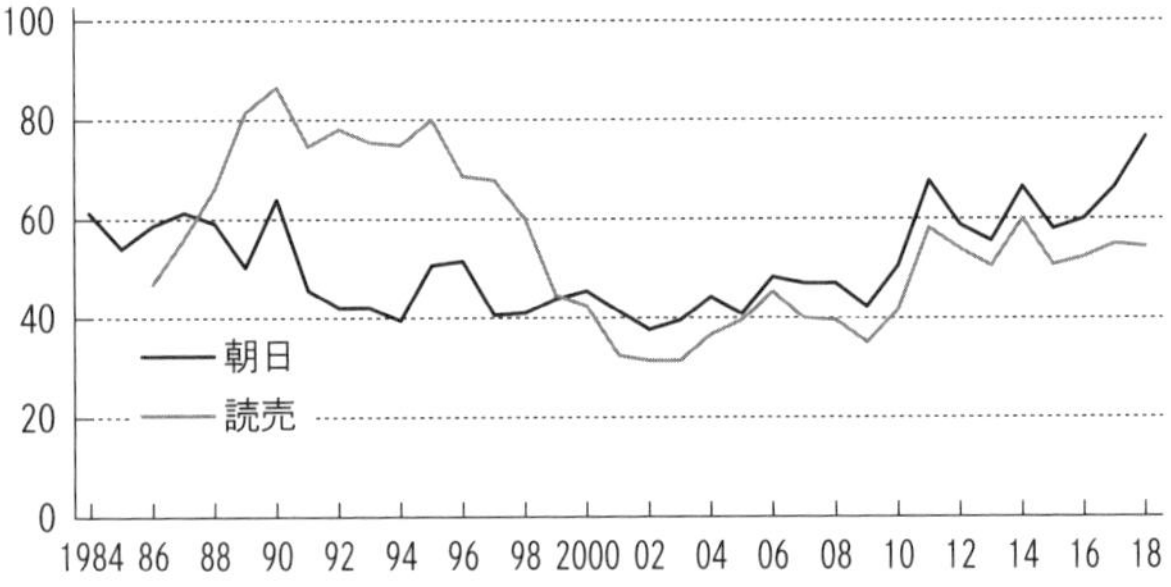

図１-11　孤立・孤独関連記事の推移（１万件あたり）

は、朝日新聞と読売新聞で異なるものの、その後はほぼ同じ傾向を辿る。すなわち、一九九〇年から、最低値を記録する二〇〇二年まで下落し、その後は上昇傾向を辿る。とくに、東日本大震災のあった二〇一一年を境に急増し、高止まりしている。

　この動きは友人関連記事と対照的である。友人記事、および、読売新聞の親友記事は、二〇〇〇年あたりまで増えた後に、停滞・下落していった。それに対して、孤独・孤立にかんする記事は、二〇〇〇年あたりまで縮小し、その後一転して増えている。ここから人間関係の質的変化が推察される。

（4）選択性の拡大による人間関係の変化：新聞記事件数からわかること

以上の結果をもとに、新聞記事数から読み取れる友人関係および人間関係の変化について再度、議論しよう。

友人関係が前景化していった一九九〇年代まで、新聞のなかでは、友人・親友という言葉を目にする機会が増えると同時に、孤独・孤立という言葉を目にする機会は減っていった。しかし、前景化した友人関係が複雑性を増す二〇〇〇年代以降、新聞で友人という言葉に接する機会は減り、代わって孤独・孤立という言葉に接する機会が増えていった。ここから、友人関係を含む人間関係そのものの性質の変化を読み取ることができる。すなわち、選択性の拡大により複雑さを増した人間関係の脆さを読み取ることができるのである。

他方、親密圏の中心を占める家族記事は、八〇年代から長期的に増加傾向を示した。孤立・孤独に注目が集まる二〇〇〇年代以降も家族に対する視線の強さは変わらない。ここから、親密圏の中心としての家族の存在の大きさが推察される。

4　友人、親友記事の分水嶺

❖ 友人たちの二〇〇〇年問題

本章では、一九八〇年代から二〇一〇年代までの友人関係の変化について、複数の社会調査、および、新聞記事のデータベースをもとにした記事件数の推移から検討してきた。最後に、これらの知見を踏まえ、この三〇年の友人関係について、大きな変化が見られた二〇〇〇年より前と後に分けて、まとめておこう。

(1) 一九八〇年代後半から九〇年代の友人関係

いくつかの社会調査の再検討から、一九八〇年代から九〇年代にかけて、友人関係が私たちの生活のなかで前景化する様相が垣間見られた。若年世代に生活のなかで充実感を得られるときを尋ねると、「友人や仲間といるとき」と答える人が右肩上がりに増えていた。また、悩みの相談相手として「近所や学校の友だち」をあげる人も増え、友人(恋人も含む)とのつきあいに満足を感じる人も増えていた。

この間、友人、親友という言葉を含む新聞記事も増えつつあった。生活のなかで友人の占める役割が増えるにしたがい、社会における友人への注目も高まっていたのである。

以上の結果から、この時期は、個人、社会いずれにおいても友人関係の重要性、および、注目度が拡大した時期だと考えられる。

(2) 二〇〇〇年代以降の友人関係

二〇〇〇年代に入ると、情報通信端末の普及とともに、友人としてつきあう人びとの数は増していった。つまり、人数という意味での友人の比重は、拡大したのである。また、情報通信端末により、友人との常時接続が可能になり、間接的とはいえ、接触の時間・頻度も増した。

そうしたなか、充実感の源泉としての友人の存在は相変わらず重要であるものの、一九九〇年代よりもさらに高まることはなかった。また、友人関係への満足も同様に、高止まりしているものの、二〇〇〇年以前のように上昇傾向は見られなかった。一方、相談相手としての友人の役割は弱まりを見せ、母親がより重要な役割を果たすようになった。まとめると、二〇〇〇年代以降の友人関係は、人数や接続時間ほどの重要性の高まりを見せなかったのである。

このような結果を反映するかのように、友人記事も頭打ちとなってゆく。読売新聞では親友記事の減少もみられ、友人に対する社会的関心は縮小しているかのように見える。しかしながら、事態はそう単純ではない。

社会調査から細かい意識の変化を見てゆくと、人びとの複雑な心理状況が垣間見える。若年世代は、友人との接触は保ちたいものの、友人との時間にそれほど犠牲を払いたくなく、友人といるよりも一人でいるほうが落ち着くと考えている。また、友人には嘘をつかないよう生真面目に接触しているものの、友人と対立しそうな意見を心のなかに封じ込める。ここから、不安定さを抱えながら、友人とのつながりを保とうとする若者像を垣間見ることができる。

人間関係の不安定性は、新聞記事からも読み取れる。友人記事が頭打ちになったのと同じ時期に、孤独・孤立という言葉を含む新聞記事の出現率を見ると、増加傾向を示している。ここから人びとの不安な心理が透けて見える。他方、情緒的安定の源泉としての家族にかんする記事は、一九八〇年代から単線的に増加を続けている。

以上のデータから、二〇〇〇年代は人間関係が不安定化すると同時に、友人関係の前景化による盛り上がりがひと段落し、プラスの側面のみならず、マイナスの側面も顕在化してきた時期だと結論づけられる。ギデンズが述べるように、純粋化する関係は、関係を構成する当事者を外から拘束する力を欠くため、不安定になる。その不安を反映するように、孤独・孤立記事は増え、不安の回収手段としての家族記事も相変わらず増え続けた。一方、友人、親友記事は頭打ちの傾向を示した。つまり、人間関係の不安定化により、人間関係に対する社会の関心は、孤独・孤立、家族に一層強く向けられるようになったのである。

（3）分水嶺としての二〇〇〇年

最後に、以上の変化について、個人化および情報通信端末の普及から論じておこう。序章でも指摘したように、個人化は一九八〇年代半ばに指摘され、実証研究レベルでは、一九七〇年代後半あたりから、中間集団の揺らぎが指摘されていた。

個人化を促進する中間集団の揺らぎは、個人にとってマイナスになるばかりではない。むしろ、人びとを息苦しい規範から解放するプラスの側面もある。それは、ウェルマンが親しい関係の地理的拡散を、コミュニティの〝解放〟ととらえ、フィッシャーが友人関係の拡大に、文化の創造を想定していたことからもうかがえる。本章の分析でも、一九九〇年代までは、友人関係への注目の高まりと同時に、満足や充実感などプラスの感情の拡大がみられた。

しかし、一九九〇年代末から二〇〇〇年代に入ると、その空気も変わってくる。鈴木（2015）が簡潔にまとめたように、個人化にともなう中間集団からの解放は、人びとの自己選択の余地を高めるだけでなく、人生におけるさまざまなリスクへの責任も増幅させる。一九九〇年代末から二〇〇〇年代は、私たちが〝標準〟のライフコースを喪失し、個人化のリスクが顕在化した時期でもあった。それは人間関係についても例外でなく、「つきあわねばならない」関係を切り詰めた私たちは、その分を自足しなければならなくなった。関係を自足できなければ、孤立するだけだ。

個人化のリスクの顕在化とほぼ同じ時期に生じた情報通信端末の進化・普及は、他者へのアクセスを容易にした。情報通信端末の普及により、接触人数、接触頻度、接触時間という〝見た目〟の友人関係は充実していった。しかし、〝見た目〟の友人関係が増えても、曖昧でコミュニケーションの正解が見えない、という友人関係の性質は変わらない。

個人化が進み、関係性の自足を求められるなか、私たちは情報通信端末を駆使して、〝見た目〟の友人関係を充実させてきた。しかし、〝見た目〟の友人関係の充実は、曖昧な関係性の拡大という不確実性にまつわるストレスも引き連れてくる。かくして、私たちは友人に対して接触と撤退という相反する欲求を抱えるようになった。それと同時に、社会の関心は孤独や孤立、あるいは不安の回収手段としての家族に向かっていったのである。

以降の章では、親友・友人記事の変化について、二〇〇〇年代以降にとくに注目しながら、より深く分析してゆく。

第2章

親友の三〇年史

新聞のなかの親友

1 友人にむけられた社会の目線をよむ

第1章において、一九八〇年代後半から九〇年代にかけて友人関係の前景化が進んだものの、二〇〇〇年代以降には、前景化した友人関係をもてあます傾向が見られる、と指摘した。関係の存立基盤を、おもに個人の感情に見出す友人関係は、血縁・地縁など外的な条件に存立基盤を確保されている人間関係よりも不安定である。不安定な関係の前景化により、二〇〇〇年以降の友人関係への社会的関心は、高まるよりもむしろ低下の兆しを見せる。新聞での登場回数を社会的関心の高さとするならば、その関心は不安の源泉としての孤立・孤独や、不安を回収する資源としての家族に向けられていた。社会調査の結果を振り返るならば、若者は友人に対して、放っておいて欲しいけど接触はしたい、場を取り繕うけど嘘はつかない、という矛盾した感情を抱えていた。このような背景のなか、友人関係は、どのような社会的文脈で扱われてきたのだろうか。

本章では、「親友」という言葉を含む記事の内容に着目し、その変化から友人に対する社会的な目線の変化を探ってゆく。この分析をつうじて、これまで曖昧とされてきた友人に対する社会の目線の変化を明らかにする。なお、分析対象を友人記事でなく親友記事としたのは、序章で述べたように、分析可能性を考慮したためである。以下では、まず、本章で用いたデータおよび分析方法について概説し、その後、結果の詳細を提示してゆく。

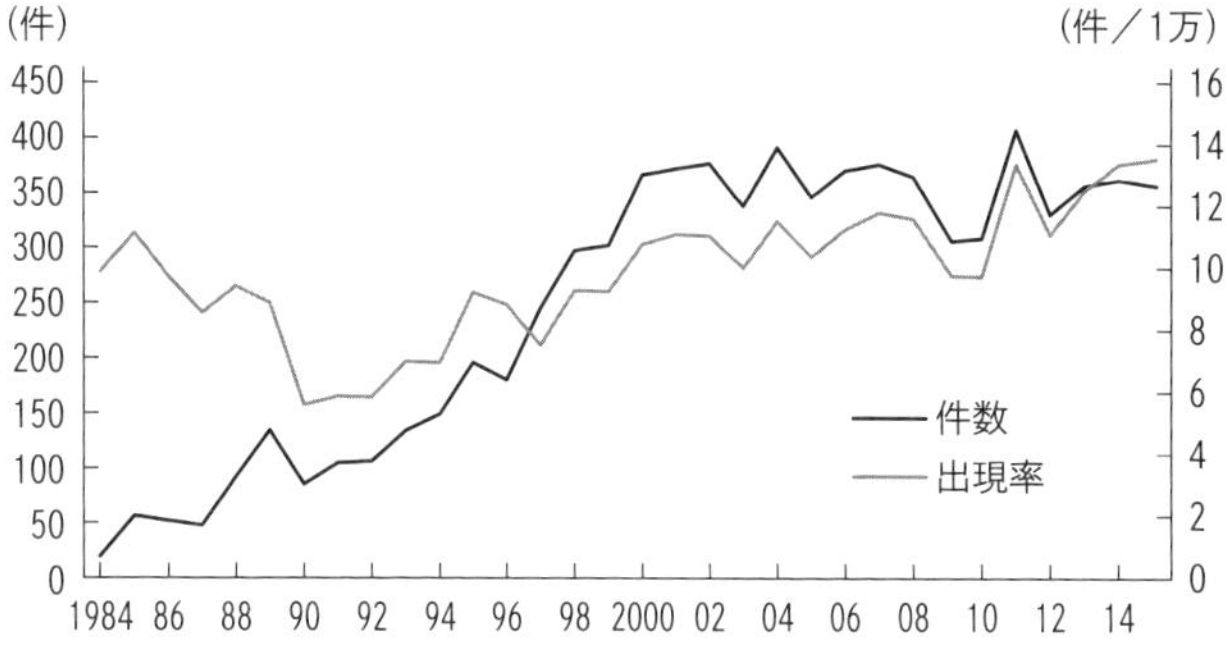

図2－1　親友記事の推移

2　使用するデータ

データの作成にあたり、まず、朝日新聞の記事検索システム『聞蔵ビジュアルⅡ』において、対象紙誌名を「朝日新聞」、検索ワードを「親友」とし、シンプル検索を行った。対象年は一九八四年から二〇一五年である。その結果、八三八六件の記事が抽出された。このなかから、内容が重複するもの、固有の人や集団の名前であり、親友を表さない記事を除いた七九七七件を分析対象とした。[*1]

あらためて親友記事の出現数と出現率を確認しておこう。図2－1は親友記事の各年の出現数と、一万記事あたりの出現率である。記事総数については、第1章で確認したとおり、二〇〇〇年代前半まで急拡大を遂げて、その後は、多少の上下動はあるものの、ほぼ平行線を辿る。

出現率については、一九八〇年代は下落傾向にあり、一九九〇年以降は多少の上下動はあるものの、ほぼ一貫して上昇基調にある。グラフの形状じたいは、欠損値を除かないものとほぼ変わらない。

本章では、親友記事の一つひとつをコード化し、計量的な分析をつうじて、友人に対する社会の目線の変化を明らかにする。

3 使用するコードと集計結果

新聞記事の内容を分析するにあたっては、まず、その内容じたいをコード化しなければならない。新聞記事のような質的データのコーディング方法として一般的なのは、定性的コーディングである（佐藤 2008）。しかし、今回のケースのように、抽出された記述が膨大な場合、一つひとつの記事を細かな内容に分割し、小見出しをつけて分析することは難しい。そこで、本研究では、記事の内容、発話者の属性といった形で変数を作成し、コーディングを行った。詳しいコーディングの内容は補遺を参照いただくとして、本節では、コードのカテゴリーと単純集計の結果を提示しよう。

(1) 記事内容

記事内容とは、固有の新聞記事がおもに伝えようとする内容である。本研究では、検索対象となる一九八四年から、抽出された一つひとつの記事を読み、その内容に応じてコードを割り当てた。表2-1はその分類である。

分類は大きく分けて六つである。1〜4については、それぞれのコードに対応した分類が施される。

注意すべきは5「生活」である。「生活」には、いわゆる一般の人びとの生活上の問題やつぶやき、一般の人びとの生活実態を検討する目的の調査、固有の人びとの死を悼む記事、それ以外の生活に関連する記事が入っている。このうち、前二者はおもに読者の投稿によりなされるのだが、投書欄や相談欄にも、1～4にまつわる内容の記事は存在する。たとえば、投書欄には、政治や戦争にかんする投稿もある。本研究では、新聞の投書欄は、市井の人びとの考えや意見を反映する記事ととらえ、5「生活」に分類することとした。

追悼記事は、固有の人の死を悼む記事である。この固有の人については、各業界の著名人、投書欄での友人などさまざまである。これらの記事は「死を悼む」という日常生活のなかで行われることを対象とした記事と考え、5「生活」に分類した。

6「その他」は、どこにも分類されなかった記事である。このような記事は一九八四年から二〇一五

＊1　「内容が重複するもの」とは、たとえば、地域面の神奈川版と東京版において、同じ記事が掲載されているにもかかわらず、それぞれを固有の記事として検出しているケースである。こうしたケースでは、掲載年月日が後にくる記事のほうが、より、広域的なエリアを対象として掲載されている。そこで、掲載年月日が後にくる記事を分析対象とした。

「固有の人や集団の名前」については、人と集団について個別に説明する。人については、「母親友子さん」のように、「母親」と「友子さん」の単語の連なりを「親友」として検出するケースである。当然ながら、このような記事は親友記事ではないので分析対象から除いた。集団の名前については、「〇〇親友会」などと、固有の集団に「親友」という言葉を冠している集団がいくつか見受けられた。それじたいも、親友という言葉の浸透と解釈できなくもないが、概念的に親友を表すものではないので、分析からは除いた。

表２－１　記事内容のコード

id	分類名	詳細
1	文化・芸術・芸能	文化的作品・展示などの内容紹介・解説・批評、小説・エッセイ、囲碁将棋、学術関連、その他文化・芸術・芸能に関するもの
2	政治・経済	国内・国外・国家間の政治・経済に関するもの
3	スポーツ	競技結果の報告、競技にまつわるエピソード、その他スポーツに関するもの
4	事件・事故・戦争	犯罪性のある出来事（殺人、傷害、詐欺など）、予期せずに起こり人・ものに損害を起こす出来事（自損、他損、災害）、戦争に関するもの
5	生活	身の上相談、投書、社会調査、追悼、その他生活に関するもの
6	その他	１～５に該当しないもの

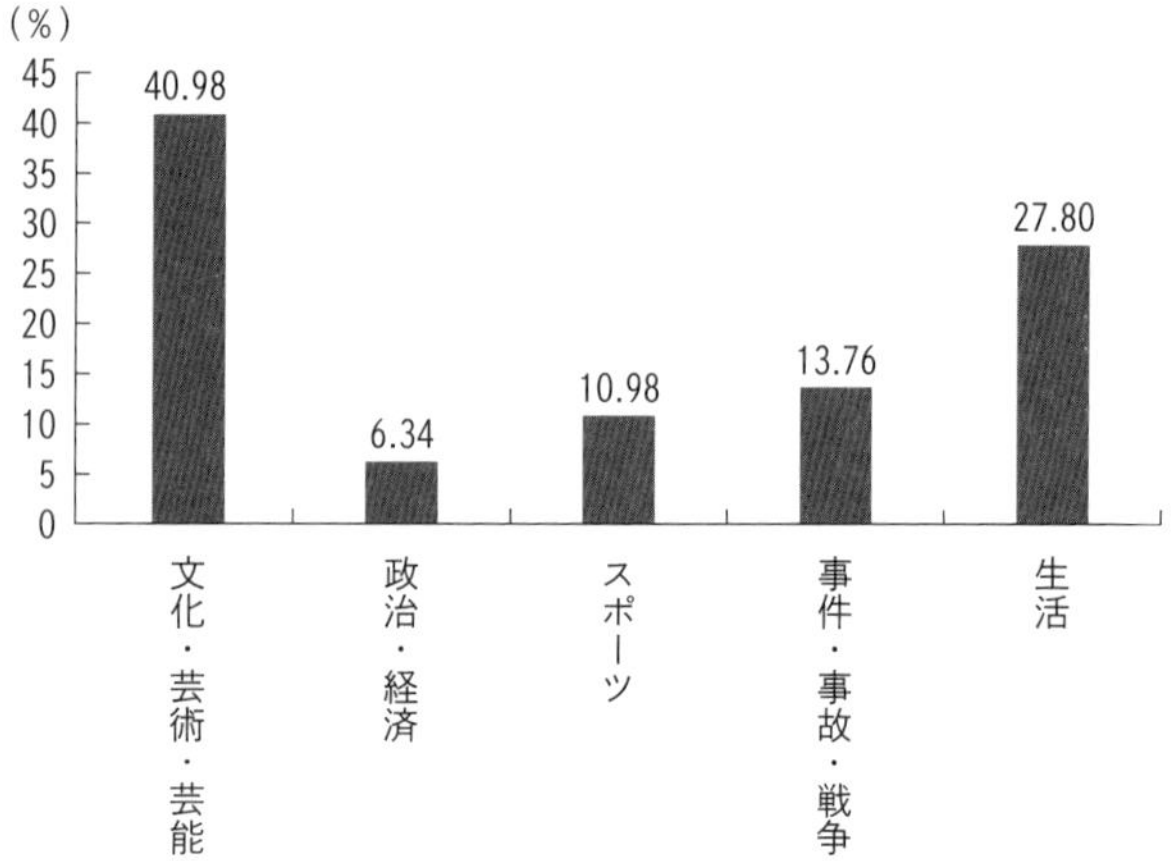

図２－２　記事内容の度数分布

年までで、わずか一〇件である。したがって、以下の分析では、このカテゴリーは図表などに含めない。

図2–2は、一九八四年から二〇一五年の間に抽出された親友記事に、各カテゴリーが占める比率を表している。この図を見ると、親友という言葉は文化・芸術・芸能を扱う記事に、頻繁に現れていることがわかる。文学から友情を研究した高橋英夫（2001）は、世界の文学史において「「友」「朋友」が方々に、くりかえし登場していた」（高橋 2001:1）と指摘している。図の結果は、高橋の指摘を反映しているように見える。

文化・芸術・芸能の次に多いのが生活であり、全体の三割ていどを占める。三番目以降になると、文化・芸術・芸能の半分以下にとどまる。文化・芸術・芸能、生活で全体の七割弱を占めていることから、親友記事は、文化・芸術・芸能、生活の文脈で報じられていることがわかる。次節以降では、これらの記事の推移について詳しく検討し、友人に対する社会的視点の変化を明らかにする。

（2）発話者の属性

本研究では記事内容だけでなく、発話者の属性も特定している。ここで言う発話者とは、ある一つの新聞記事において、「親友」という言葉を使った人である。本研究では、発話者の属性を性別、年齢、外国人か否か、社会的属性の四点から特定した。

このうち、年齢については記事が掲載された当時のものである。また、外国人については、日本国籍をもたない人であり、結婚により日本国籍を得た人は、「外国人ではない」としてコード化している。

表2－2　社会的属性のコード

id	分類名	詳細
1	文化・芸術・芸能関連	小説家、脚本家、作家、評論家、詩人、俳人、歌手、落語家、お笑い芸人、タレント、アイドル、作詞家、作曲家、画家、グラフィックデザイナー、棋士、映画監督、漫画家、茶人、講談師、花道家、声楽家、写真家、研究者
2	政治・行政関連	国会議員、地方首長、地方議員、大使、国家公務員総合職（最高位）、明治期における軍人（少将以上）、政治団体の代表
3	経済関連	従業員1000人以上の企業の経営者層、経済団体の代表・理事
4	スポーツ関連	プロスポーツ選手、アマチュア競技において固有の競技活動を生活の中心とする人（児童・生徒・学生除く）、アマチュア競技において国を代表する立場の人、国の強化指定選手
5	その他著名な人	皇室・王室、江戸期以前の歴史上の人物、宗教家、料理人、１～４に該当する人びとの親族、１～４には該当しないが著書の執筆・メディアへの出演をつうじて幅広い知名度をもつ人
6	その他	１～５に該当しない人びと（いわゆる市井の人）
7	フィクション	フィクションの登場人物であるため、実際には存在しない人
8	非人物	団体名、国、動物、道具

最後の社会的属性については多少説明を要する。新聞には政治家や財界人などさまざまな人が登場する。本書では、こうした人びとを社会的背景に応じて分類した（表2-2）。この分類は、社会的属性を類型化するさいにしばしば用いられる標準職業分類や従業上の地位とかなり異なる。その理由は以下の通りである。

朝日新聞にかぎらず、新聞は、政治、社会、スポーツ、生活といった面により構成される。各面においては、新聞で報道するほどに、人目を引く行動をした人、または、出来事が取り上げられる。そのため、一般的な分類に照らすと、かなり偏った人びとが紙面に登場する。表2−2の分類は、新聞のこのような特性を考慮して作成した。分類は大きく分けて八つである。以下、簡単に説明してゆこう。

1「文化・芸術・芸能関連」から6「その他」までは実在する人物である。このうち1〜4については、それぞれの領域に属する人びとが該当する。この領域は、表2−1の記事内容に対応する。したがって、当然ながら、発話者の社会的属性と記事内容は、合致することが多い。とはいえ、発話者の社会的属性と記事内容は、必ずしも対応しない。たとえば、文化・芸術・芸能関連に属する人が、一般投稿者の人生相談に乗るさいに「親友」という言葉を使うケースでは、発話者は「文化・芸術・芸能関連」だが、記事内容は「生活」となる。

5「その他著名な人」については、1〜4に当てはまらないものの、新聞を読む少なからぬ人が当該人物を知っている、と考えられる発話者が入る。たとえば、発話者としての徳川家康やダライ・ラマなどは、1〜4には入らないものの、かといって、いわゆる「市井の人」に該当する6にも入らない。こうした人びとは、それぞれ、独自のカテゴリーとして設定するほど頻繁には登場しないので、「その他著名な人」として一括した。

6「その他」に入るのは、1〜5に含まれない人びとである。投書欄に投稿した人びと、たまたま街頭でインタビューを受けた人、事件・事故の被害者・加害者など、いわゆる市井の人が大半である。小中高校の部活動の大会等の報道において、活動に携わっている児童・生徒が発話者の場合には、活動内容は記事内容に対応するものの、発話者の社会的属性は1や4ではなく、6「その他」である。

7「フィクション」は、発話者が架空の人物のケースである。新聞には、固有の書籍、映画、テレビ番組、劇などの内容紹介や批評が掲載される。架空の物語の登場人物が「親友」という言葉の発話者である場合、7「フィクション」に分類される。

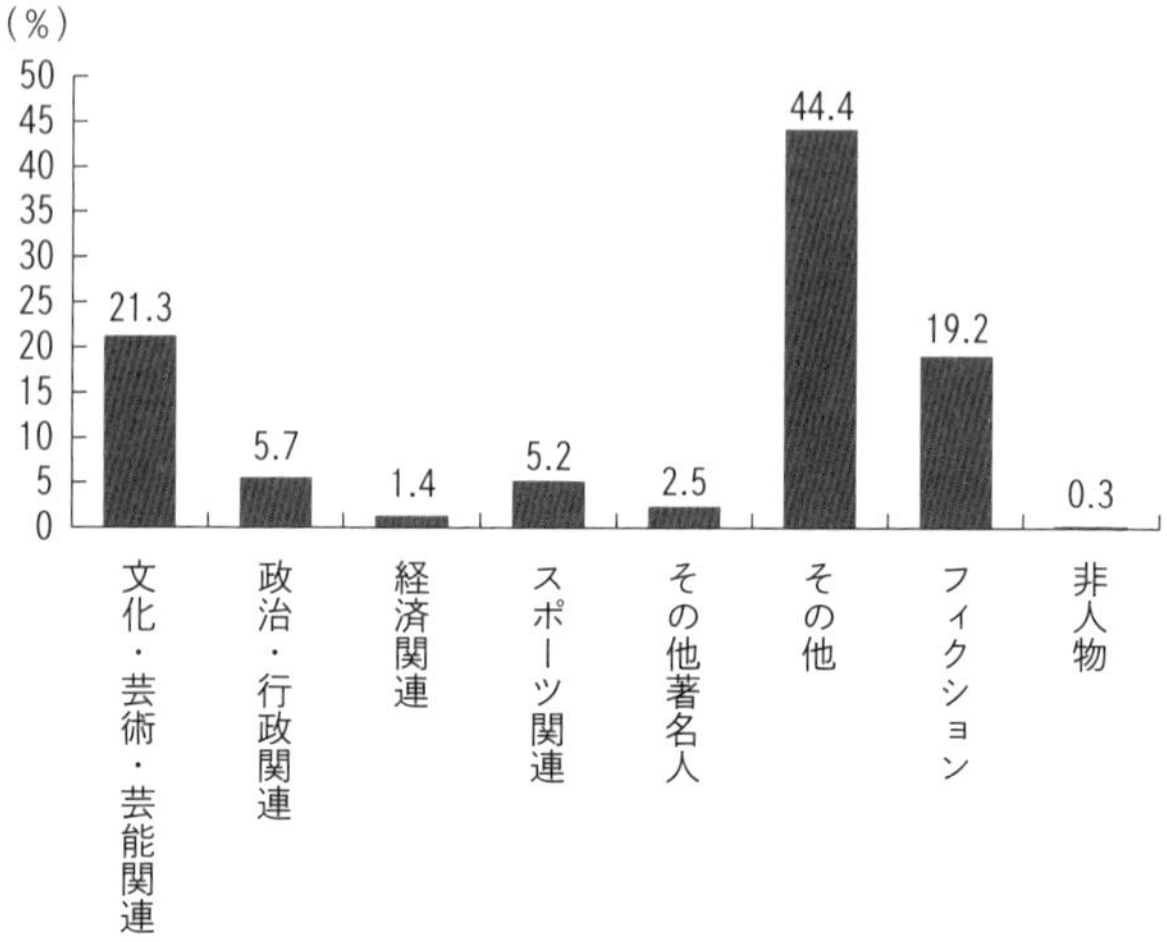

図2－3　発話者の属性の度数分布

図2－3は発話者の社会的属性の分布である。これをみると、「その他」が圧倒的に多いことがわかる。次いで、文化・芸術・芸能関連、フィクションが二〇%前後で続き、他は多くても五%ていどである。つまり、新聞記事における親友の語りの多くは、市井の人びとと文化・芸術・芸能関連、フィクションに占められていると言える。

発話者の属性と記事内容の関連も確認しておこう。**表2－3**は発話者の社会的属性を行、記事内容を列にとり、行の%を算出したクロス集計表である。これをみると、発話者の社会的属性と記事内容は、おおむね対応していることがわかる。発話者が文化・

表2－3　発話者の社会的属性と記事内容のクロス集計

		記事内容							N
		文化・芸術・芸能	政治・経済	スポーツ	事件・事故・戦争	生活	その他	分類不能	
発話者の社会的属性	文化・芸術・芸能関連	80.3％	1.1％	0.6％	4.3％	13.6％	0.1％	0.1％	1672
	政治・行政関連	4.4％	67.1％	0.2％	20.3％	7.9％	0.0％	0.0％	453
	経済関連	8.0％	56.3％	1.8％	9.9％	24.1％	0.0％	0.0％	112
	スポーツ関連	1.2％	0.5％	90.9％	1.6％	5.7％	0.0％	0.0％	418
	その他著名な人	53.5％	10.0％	2.0％	15.5％	16.5％	2.0％	0.5％	200
	その他	7.3％	2.5％	13.5％	24.5％	52.1％	0.0％	0.0％	3558
	フィクション	98.9％	0.0％	0.0％	0.8％	0.3％	0.0％	0.0％	1533
	非人物	41.7％	29.2％	0.0％	4.2％	20.8％	4.2％	0.0％	24
	分類不能	0.0％	14.3％	0.0％	0.0％	71.4％	0.0％	14.3％	7
	合計	41.0％	6.3％	11.0％	13.8％	27.8％	0.1％	0.0％	7977

芸術・芸能関連であれば文化・芸術・芸能報道、政治・行政関連または経済関連であれば政治・経済報道、スポーツ関連であればスポーツ報道、その他（市井の人）であれば生活報道が多い。

とくに、文化・芸能・芸術およびスポーツは相関が強い。発話者が文化・芸術・芸能関連であれば、八〇・三％は文化・芸術・芸能報道であり、発話者がスポーツ関連であれば、九〇・九％はスポーツ報道である。また、発話者がフィクションの場合には九八・九％と、ほぼすべてが文化・芸術・芸能報道である。その理由は、発話者がフィクションの人物である場合は、ほぼすべて、メディアで公開された作品の内容紹介であるためだ。

ちなみに、政治・行政関連の発話者に事件・事故・戦争報道が多いのは、政治家が絡む大規模な詐欺・贈賄事件の発生による。たとえば、リクルート・コスモス社の未公開株の譲渡をめぐる「リクルート事件」*2のあった一九八八年には、政治家を発話者とする八件の事件記事が抽出されている。そのさい「**親友**からの依頼だったので気軽に受けた」のように、自らの管理の甘さを関係性に還元させる姿勢が見られる。「親友だからこそ仕方なく」というロジックである。また、発話者が経済関連のケースで生活報道が多いのは、追悼記事の多さゆえである。財界人が亡くなったさいに、他の財界人が親友として追悼文を寄せ、それが抽出されているのである。

4 親友記事の内容の変遷

（1）全体的変化

本章で用いるデータの傾向をおさえたところで、いよいよ、本格的な分析に入ろう。図2―4は、親友記事全体に対するそれぞれの記事の比率の推移を示している。対象となる期間は一九八四年から二〇一五年であり、目印として、一九九〇年および二〇〇〇年に区分線を引いている。

この図から変化の動向を見てみると、①一九八〇年代または九〇年代からほぼ一貫して下落基調にあるもの、②一九九〇年代または九〇年代後半からほぼ一貫して上昇傾向にあるもの、③途中まで上昇傾向にあるが、その後下落に転じたもの、④上下動はあるが、全体を通してみるとあまり変化のないもの、の四つが見いだせる。以下順に見てゆこう。

下落基調にあるのは、政治・経済報道である。政治・経済報道の出現率は、一九八八年を例外として、八〇年代は三〇%を超える時期も多かった。しかし、九〇年代に入ると一挙に低下し、九〇年代前半は

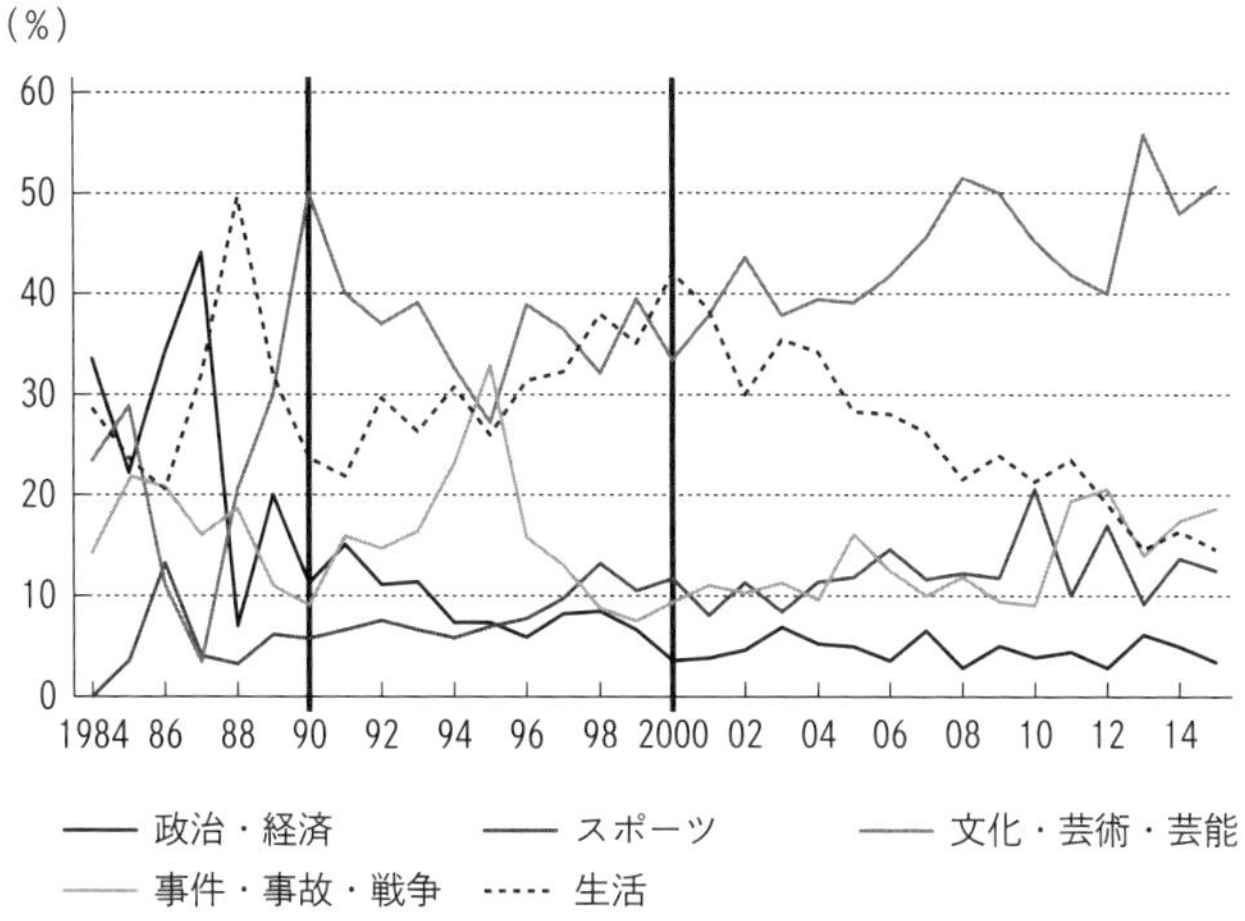

図2－4　記事内容の推移

一〇％ていどにとどまる。その後、さらに緩やかに下落を続け、二〇〇〇年代に入ると三％ていどの年も多くなる。ちなみに、二〇一五年の数値は三・六とかなり小さい。

対して上昇傾向にあるのは、文化・芸術・芸能とスポーツである。文化・芸術・芸能は、八〇年代に乱高下し、九〇年代半ばにいったん落ち込むものの、その後はほぼ一貫して上昇している。九〇年代半ばに下落したのは、一九九五年に阪神淡路大震災、および、オウム真理教にまつわる一連の事件が発生し、事件・事故・戦争記事が一時的に拡大したからである。スポーツについては、一九八六年のみ一時的に上昇するものの、そこを除くと一九八〇年代から二〇〇〇年代まで緩やかに拡大している。

上昇から下落に転じたのは生活報道である。生活報

＊2　リクルート社会長の江副浩正氏が政治家や官僚に、子会社であるリクルート・コスモス社の未公開株を譲渡した事件。この事件により当時首相であった竹下登は退陣を表明した。

道は、一九八〇年代は乱高下するが、九〇年代に入ると安定的に増加する。しかし、二〇〇〇年を境にほぼ一直線に下落している。二〇〇〇年に親友記事の四二%を占めていた「生活」は、二〇一五年には一四・八%にとどまる。

上下動はあるものの、全体としてあまり変化がないのは、事件・事故・戦争報道である。上下動のある年は、先ほども述べたように、阪神淡路大震災や東日本大震災など、社会に大きな衝撃を与えた事象が発生している。つまり、社会の趨勢というよりも、各年に生じた出来事に大きな影響を受けるのである。

まとめると、一九八〇年代後半から二〇一〇年代において、親友記事は、政治・経済にまつわる話題のなかで報じられる機会が急速に失われていった。他方、文化・芸術・芸能、スポーツのなかで報じられる機会は増えた。また、日常生活を語る場で報じられる機会については、九〇年代と二〇〇〇年代で変わっている。さらに、事件・事故・戦争については、安定的であるものの、各年の出来事に影響を受けることが明らかになった。以下では、個別の記事内容の変化について、さらに深く掘り下げ、友人に対する社会的目線がどのように変わってきたのか明らかにしたい。

(2) 政治・経済

全体的傾向の再確認

図2‐5は、図2‐4で提示したグラフから政治・経済報道のみを抜き取り、さらに、発話者の社会的

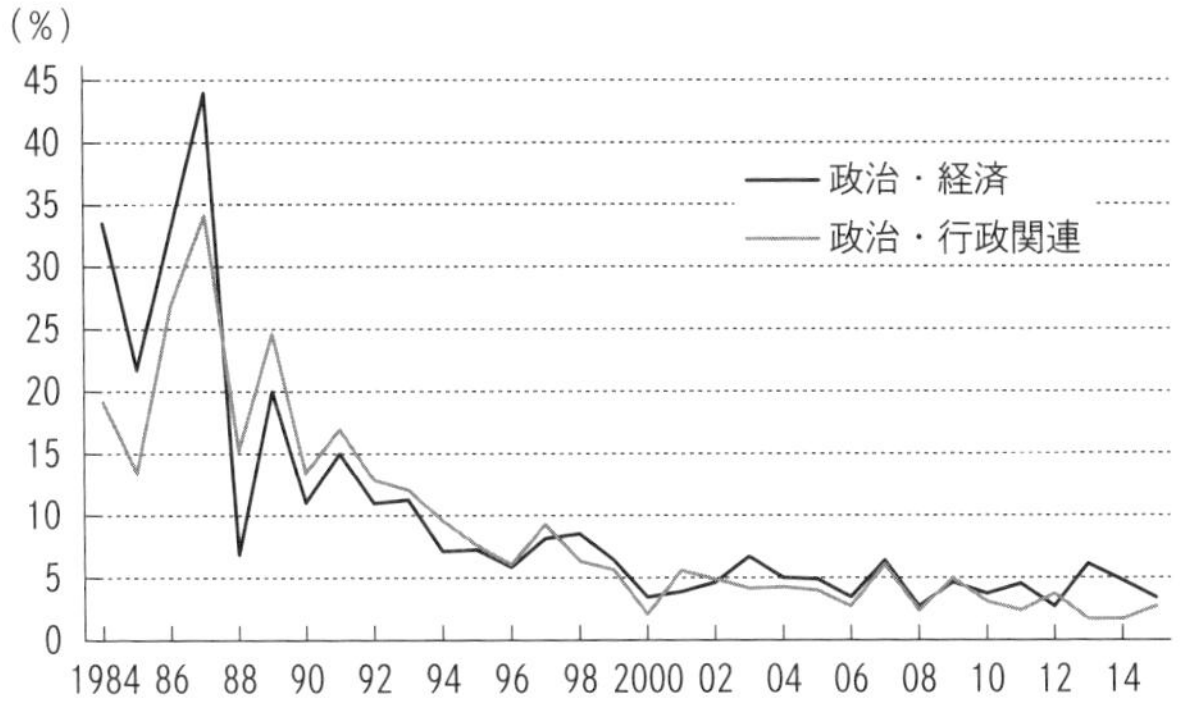

図２－５　政治・経済報道の推移

属性が政治・行政関連の人の比率の推移を加えたものである。政治・経済報道の推移と政治・行政関連の発話者の推移のグラフは、ほぼ同じ形をとる。ここからも、両者の強い関連が想起される。

さて、あらためてグラフを見ると、政治・経済にまつわる話題で親友に言及される機会は、一九八〇年代はそれなりにあったものの、そこから二〇〇〇年まで急速に減少し、二〇〇〇年代に入ると、ほぼ見られなくなったと言える。では、政治・経済報道のなかに大きな内容の変化があったのか、というとそういうわけではない。

政治・経済報道をさらに細かく分類すると、一国の内部の政治・経済を扱った記事、国家間外交を扱った記事、選挙にまつわる記事に分けられる。これらの比率は年によってかなり上下するものの、[*3]明確に上昇、下落の傾向を示すものはない。したがって、政治・経済報道の下落は、記事内容の変化によるものではない。では、政治・経済報道の下落は何を意味しているの

＊3　たとえば、選挙報道は、国政選挙や統一地方選挙の実施により上下する。

だろうか。

儀礼的・象徴的な親友表現の後退

親友という言葉は、政治・経済報道において、国内の政治・経済問題を扱うさいに用いられる。実際の数値をあげると、政治・経済報道のうち、国内の政治・経済問題を扱った記事は五九・六％もあるのに対し、選挙を扱った記事は一九・三％、外交を扱った記事は一二・四％にとどまる。このうち、国内の政治・経済および外交を扱った記事では、親友という言葉の扱い方が似通っている。すなわち、政治のパートナーという意味で儀礼的・象徴的に用いられるのである。以下、時期の異なるいくつかの記事を全文ではないものの引用しよう。[*4]

中曽根新政権　金丸幹事長・宮沢総務会長に聞く

――党三役の派閥離脱は。

「新三役の記者会見で、金丸さんから初めて話を聞き、なるほどと思った。三役は公平無私であるべきだ。金丸さんの話を指針として努力を続ける」

――派閥離脱には、あなたへのいやがらせもあるのでは。

「我々の党内のけんかや争いはあっけらかんとして明るい。大げんかした人がひと月たって無二の**親友**に

なる例はいくらでもある。気になりませんよ」（一九八四年一一月二日　朝刊）

女性3人を閣僚級ポストに　クリントン米時期大統領が登用

ライシュ氏は、クリントン氏のロンドン留学時代からの**親友**で、ハーバード大で政治経済学で教べんを執りつつ、政策助言を続けていたが、選挙後、移行委に加わった。米国の競争力回復の基礎となる労働力の質の向上などに取り組む。（一九九二年一二月一二日　夕刊）

「ブッシュ・盧氏似てる」56歳・南部出身・外交不得手　盧氏側近

【ワシントン＝石合力】ブッシュ米大統領と韓国の盧武鉉（ノムヒョン）次期大統領には共通点が多い――盧氏側近の国会議員、柳在乾（ユジェゴン）氏が23日、ワシントン市内の大学院で開かれたシンポジウムで講演し、2人について「ともに56歳で、国の南部の出身。違うのは、億万長者の息子と貧しい農民の息子という点だけだ」などと指摘、「会った瞬間に**親友**になるだろう」と語った。

人権派の弁護士として国内での活動が長かった盧氏は訪米経験が一度もなく、米国では未知の人物。柳

＊4　引用のさいの主なルールは以下の通りである。当該記事の見出しについては、傍線を施す。当該記事の「親友」という言葉はゴシック太字とし、識別しやすいようにしておく。また、引用の末尾には、記事が掲載された新聞の発行年月日、朝夕刊の別を括弧つきで記載する。

氏は「これまで来なかったのは本人も不思議だと思っている。彼は反米主義者ではない」と述べ、「米国は我々にとってかけがえのない同盟国だ」との盧氏からのメッセージを読み上げた。柳氏は「2人とも、過去においては外交関係に詳しくなかった」と共通の弱点まで指摘。「でも2人とも覚えが早いから問題ない」と述べると、会場は爆笑に包まれた。（二〇〇三年一月二五日　夕刊）

（政治断簡）安倍首相よ、原発ゼロへ矢を放て　編集委員・前田直人

かつて安倍氏の親分だった小泉純一郎元首相（71）が1日の講演で語った原発ゼロの訴えが、頭にこびりついて離れない。「核のゴミの処分場のあてもないのに原発を進める方がよほど無責任だ」。小泉節は、いまだ鋭い。

たまたまその翌日、むかし小泉氏が仕掛けた郵政政局で自民党を追われた人と会った。安倍氏の**親友**で今は新党改革代表の荒井広幸参院議員（55）だ。安倍氏と同じ1993年衆院選で初当選。同じ派閥出身でウマが合い、「荒井ちゃん」「親分」と呼び合う。（二〇一三年一〇月六日　朝刊）

この四つの記事は、一九八〇年代、九〇年代、二〇〇〇年代、二〇一〇年代に掲載された政治・経済関連の親友記事である。いずれも内政および外交問題を扱っている。一読すればわかるように、これらの記事で親友という言葉は、政治家同士の強い結び付きを比喩的に象徴する意味合いで用いられている。

つまり、ここで用いられている「親友」とは、政治という舞台を彩る儀礼的な言葉なのである。ゆえに、彼・彼女らの結び付きは、欲得抜きでお互いの心うちを開示しながら築いてゆく親友関係とは大きく異なる。

ここから、一九八〇年代から二〇〇〇年にかけての政治・経済報道の急激な減少について、以下のように解釈できる。すなわち、儀礼的、象徴的表現としての親友（友人）の急激な衰退である。

前章で確認したように、一九八〇年代から九〇年代にかけて、友人関係は前景化し、生活のなかでも重要な位置を占めるようになった。日常生活における支え手としての友人の役割が拡大したのである。それと歩調を合わせるように、儀礼的・象徴的な親友表現は紙面から姿を消してゆく。図2-5に示された一九八〇年代から二〇〇〇年にかけての政治・経済報道の急減は、親友という言葉が、政治などの儀礼的な舞台で発せられる言葉ではなくなったことを表しているのである。

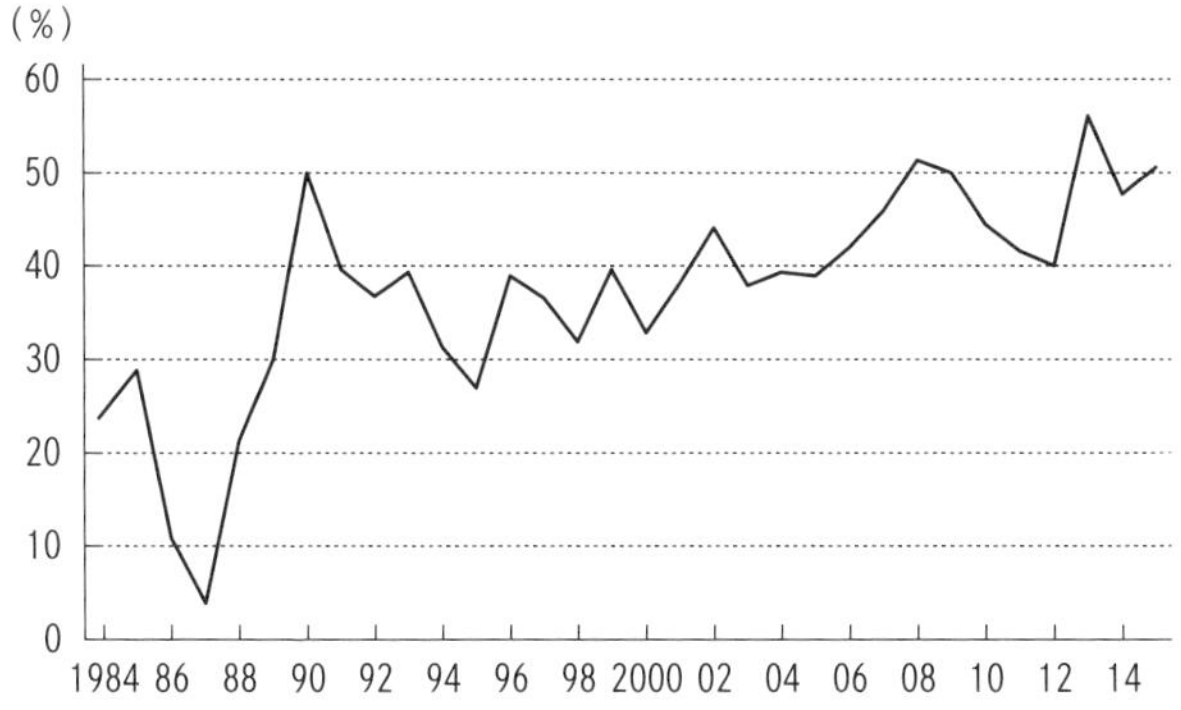

図2－6　文化・芸術・芸能報道の推移

（3）文化・芸術・芸能

全般的な傾向

続いて増加基調を示した文化・芸術・芸能を見てゆこう。図2

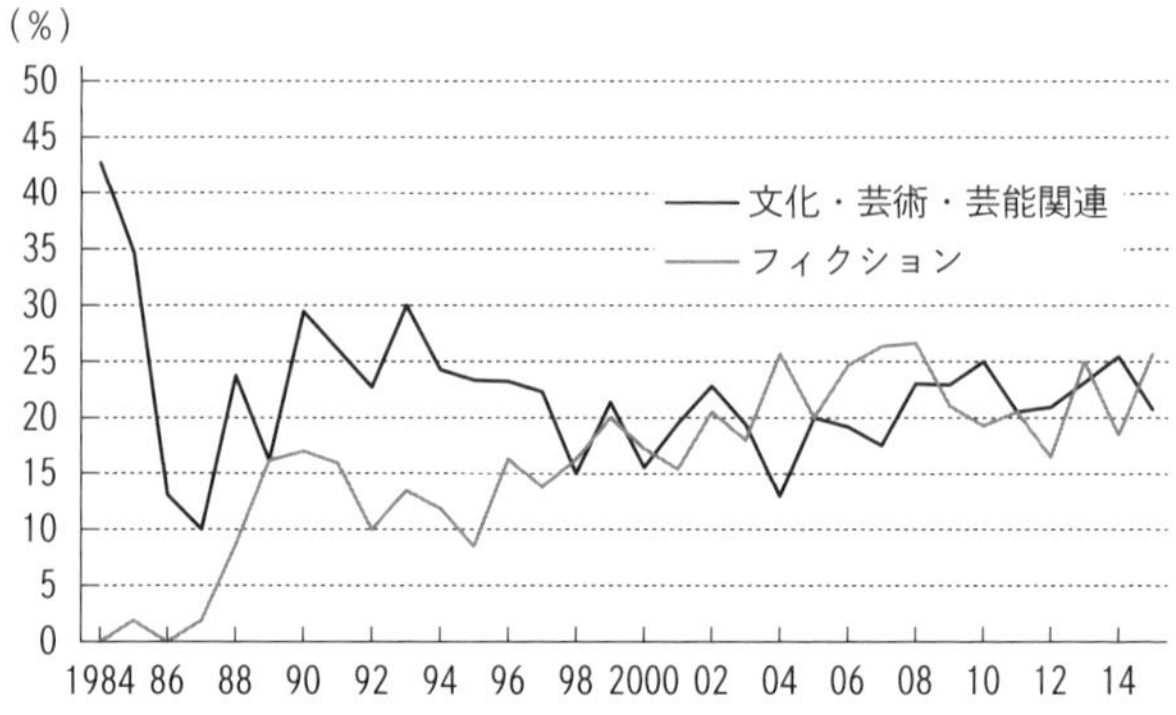

図2−7　文化・芸術・芸能関連およびフィクションの発話者の推移

−6は図2−4で提示したグラフから文化・芸術・芸能報道のみを抜き取ったものである。

さきほども確認したように、文化・芸術・芸能記事は八〇年代から一九九〇年までは乱高下する。その後、阪神淡路大震災とオウム関連の事件により一時的に下落する一九九〇年代半ばを除くと、九〇年代前半から増加傾向にある。では、増加の理由はどこにあるのだろうか。これについては、興味深いデータがある。**図2−7**を見て欲しい。

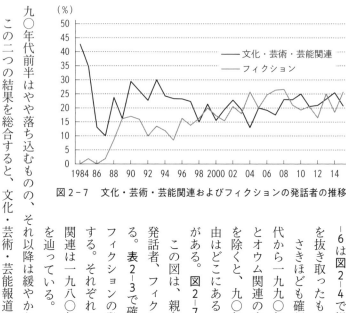

この図は、親友記事全体に対して、文化・芸術・芸能関連の発話者、フィクションの発話者がどのくらいいるのか表している。**表2−3**で確認したように、文化・芸術・芸能関連の発話者、フィクションの発話者の多くは、文化・芸術・芸能報道に登場する。それぞれの比率の推移を見てみると、文化・芸術・芸能関連は一九八〇年代に乱高下した後、九〇年代以降はほぼ並行を辿っている。一方、フィクションは一九八〇年代に急増し、九〇年代前半はやや落ち込むものの、それ以降は緩やかな増加傾向を示す。

この二つの結果を総合すると、文化・芸術・芸能報道の増加傾向について、ある一つの推論が成り立つ。すなわち、文化・芸術・芸能報道の増加は、おもに、発話者をフィクションとする記事の動向により説明できる、というものだ。この点について、図2－8で確認してみよう。

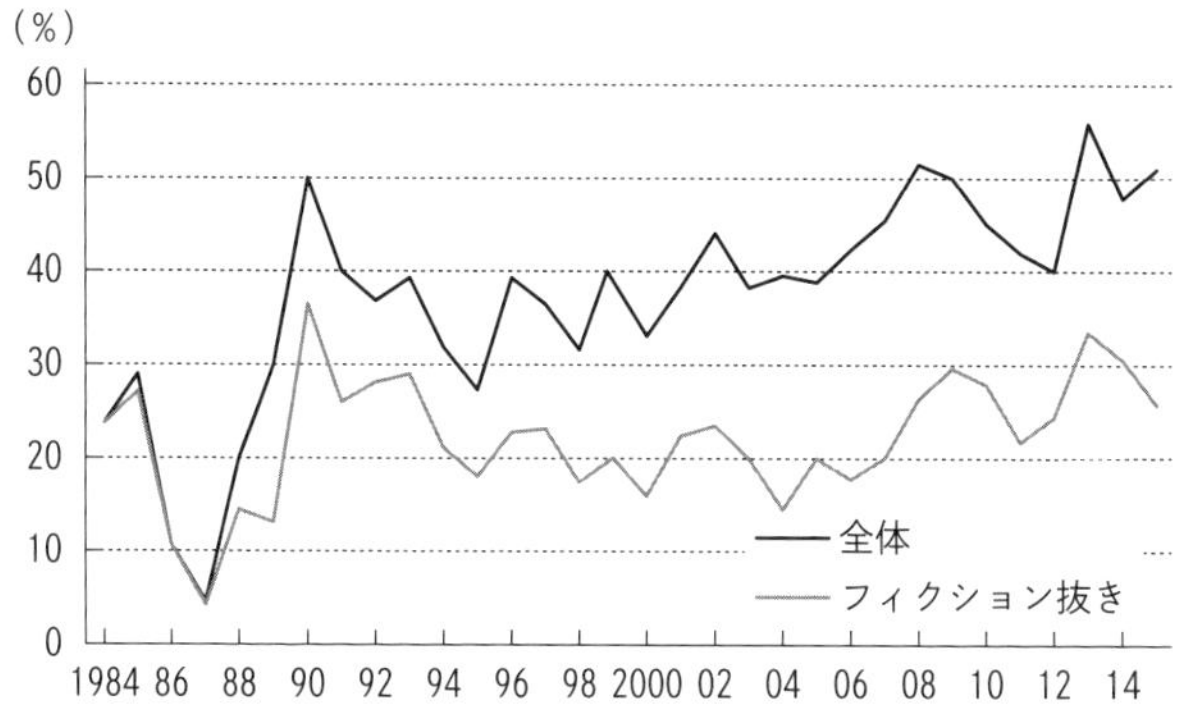

図2－8　文化・芸術・芸能報道の推移2

この図は図2－6のグラフに加え、文化・芸術・芸能報道から発話者をフィクションとする記事を抜き取った比率の推移も示している。これを見ると変化は一目瞭然である。既存の文化・芸術・芸能報道のグラフと、発話者をフィクションとする記事を抜いた文化・芸術・芸能報道のグラフが示す二本の線は、一九九〇年代半ば以降ワニの口のように広がっている。

フィクションを抜いた文化・芸術・芸能報道の比率は平行線を辿る一方で、フィクションを入れた文化・芸術・芸能報道の比率は右肩上がりを示している。ここから、一九九〇年代半ば以降の文化・芸術・芸能報道の増加は、発話者をフィクションとする記事の増加によりもたらされたことがわかる。では、九〇年代半ば以降のフィクションの発話者による文化・芸術・芸能報道の増加は何を表しているのだろうか。

物語としての親友の台頭

フィクションの発話者による文化・芸術・芸能報道において、「親友」という言葉は、おもに、物語を構成する主人公とその他の人びと、または、主人公以外の人びと同士の関係性を指し示すさいに用いられる。たとえば以下のような記述である。

アパートの9階に住むありふれた華人（中国人）系シンガポール人一家。父親は工場の守衛だ。その一家の、高校最終学年から徴兵で兵役につくまでの多感な時期の長男を主人公に、ホテルの受付嬢への淡い恋心やデート、着実に実ってゆく姉とインド系の青年の恋、**親友**と年上のフィリピン人メードとの実らない恋――などを描いた青春小説「初恋」がいま、シンガポールで売れに売れている。（一九八八年九月一五日　朝刊）

浅草に大写真館を構えて今をときめく筑波（北大路欣也）、その弟子の伊織（榎木孝明）、筑波に拾われて写真師になる良乃（水谷八重子）、筑波の幼なじみで良乃と**親友**になる芸者の梅春（波乃久里子）らである。（一九九六年一一月一九日　夕刊）

二〇〇一年、夏。短大生の香美（鈴木あみ）らは、ある無人島へ向かう船に乗り込んでいた。一年前、平凡な高校生活を送っていた香美は、ある日、**親友**の阿保（小西真奈美）に「自分たちは前世で恋人同士だった」と告げられて驚く。（二〇〇〇年九月二六日　夕刊）

「親友」という言葉じたい、人と人の関係性を表すものなので、この使い方が取り立てて珍しいわけではない。重要なのは、劇や小説といったフィクションの場で使われる頻度が増えてきたことだ。

フィクションに登場する人物の行動は、当然ながら、固有の物語に規定される。ゆえに、一九九〇年代半ば以降のフィクションの登場人物による文化・芸術・芸能報道の増加は、当該の時期以降、虚構または架空の世界で展開される親友の物語が増えていることを意味しているのである。このことじたい、および変化の時期は非常に重要であるが、これについては、その他の分野の分析が終わった後でまとめて検討しよう。

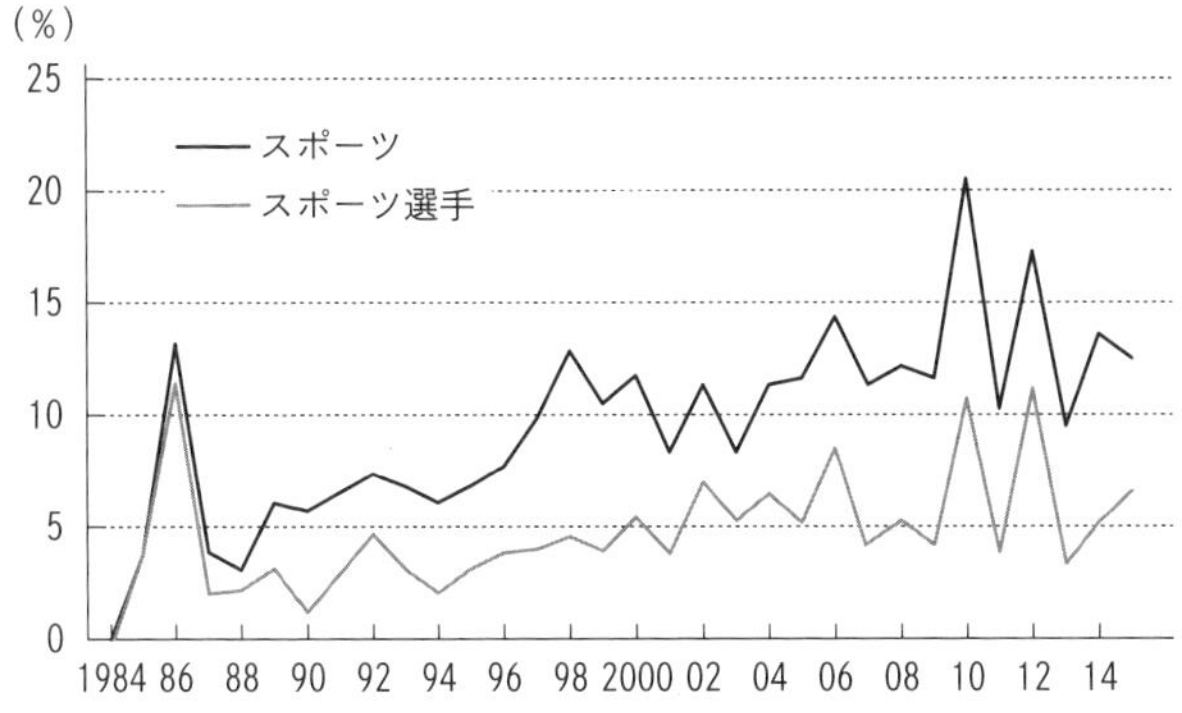

図2−9　スポーツ報道の推移

（4）スポーツ

全般的な傾向

図2−9は、図2−4で提示したグラフからスポーツ報道のみを抜き取り、さらに、発話者の社会的属性がスポーツ関連の人の比率の推移を加えたものである。この図を見ると、二つのグラフの形状は似通っている。いずれも、一九八〇年代後半から緩やかながらも上昇傾向を示している。しかしながら、スポー

ツ報道とスポーツ関連の発話者の記事が総記事数に占める比率はかなり異なる。

表2―3から、発話者がスポーツ関連の記事は、ほぼすべて（九〇・九%）がスポーツ報道であることがわかる。その事実を踏まえると、スポーツ報道の発話者には、スポーツ関連以外の人がかなり含まれることになる。以下では、その点も踏まえながら、もう少し詳しく検討してゆこう。

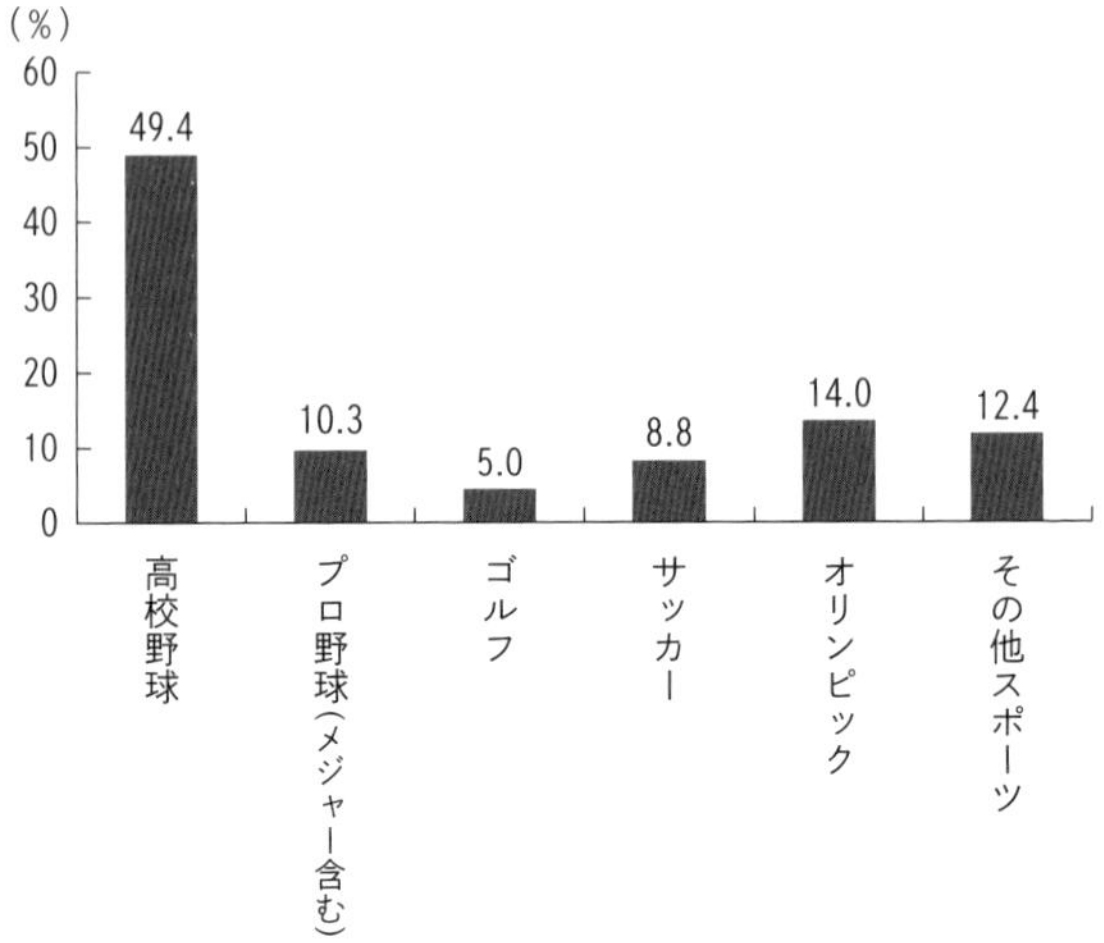

図2–10　スポーツ報道の内訳

高校野球、オリンピックという舞台

スポーツ報道を詳細に検討すると、二つの話題が報道の中心を占めていることがわかる。高校野球とオリンピックである。

図2―10は、一九八四年から二〇一五年までの、スポーツ報道に占める各報道の比率を示している。オリンピック報道の比率は、本大会と選考会を総合して算出した。これを見ると、高校野球は四九・四%と、スポーツ報道の圧倒的多数を占めることがわかる。オリンピックは一四・〇%とそれほど多く見えないかもしれないが、そうではない。オリンピッ

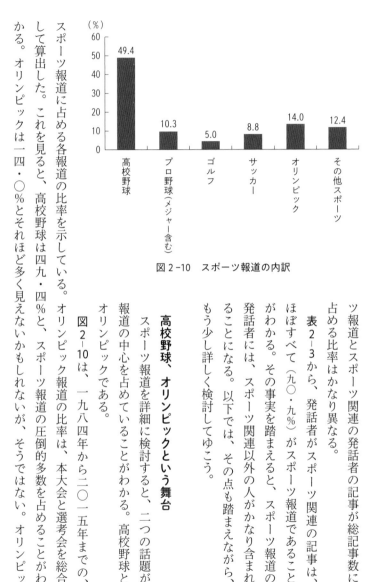

クは数年に一度の単発イベントのため、開催年に報道が集中する。たとえば、夏期オリンピックのある年ならば、出現率が三〇%以上になることも珍しくない。

この結果から、スポーツ報道の発話者にはスポーツ関連以外の人がかなり含まれる理由、および、スポーツ報道の特性がわかる。まず、スポーツ報道の発話者にスポーツ関連以外の人がかなり含まれる理由である。

前節で示したように、本研究では、発話者の社会的属性をコードするさいに「小中高校の部活動の大会等の報道において、活動に携わっている児童・生徒が発話者の場合」は「スポーツ関連」ではなく、「その他」に分類している。高校野球は、内容としてはスポーツに分類される。一方、高校野球報道の発話者には、その他（高校生）がかなり含まれる。

図2−10に示したとおり、高校野球はスポーツ報道のほぼ半数を占める。その高校野球報道の発話者は、ほぼ全員（九七・七%）が「その他」である。以上の検討から、スポーツ報道の発話者に、スポーツ関連以外の人がかなり含まれる理由は、高校野球報道に「その他」の人びとが多く含まれるためであることがわかる。

次に、スポーツ報道の特性である。第4章で詳しく検討するように、スポーツは根性や精神性と強く結びつけられる。なかでも、高校野球とオリンピックは精神修養および根性主義と強い関わりをもつ（江刺・小椋編 1994; 有山 1997; 岡部ほか 2012）。親友という言葉を含むスポーツ報道における、高校野球とオリンピック報道の多さは、親友にまつわるスポーツ報道が、根性主義をベースとし、苦楽をともにした友情の物語に彩られていることを表している。

物語としての親友の台頭2

では、一九八〇年代後半から始まるスポーツ報道の増加は何を表しているのか。これについても、高校野球報道とオリンピック報道から説明できる。

図2–11は親友記事に占める高校野球およびオリンピック報道、高校野球およびオリンピック以外のスポーツ報道の推移である。これを見ると、いずれも上下動はあるものの、高校野球およびオリンピック報道は一九八〇年代後半から右肩上がりの傾向を示すのに対し、高校野球およびオリンピック以外のスポーツ報道は、ほぼ平行線を辿る。

よく見ると、高校野球およびオリンピック以外のスポーツ報道は、二〇〇二年、二〇〇六年、二〇一〇年、二〇一四年に上昇が見られる。しかし、これについても、高校野球およびオリンピック報道と同じ理由から説明できる。というのも、二〇〇二年、二〇〇六年、二〇一〇年、二〇一四年は、いずれもサッカーのワールドカップによる増分だからだ。

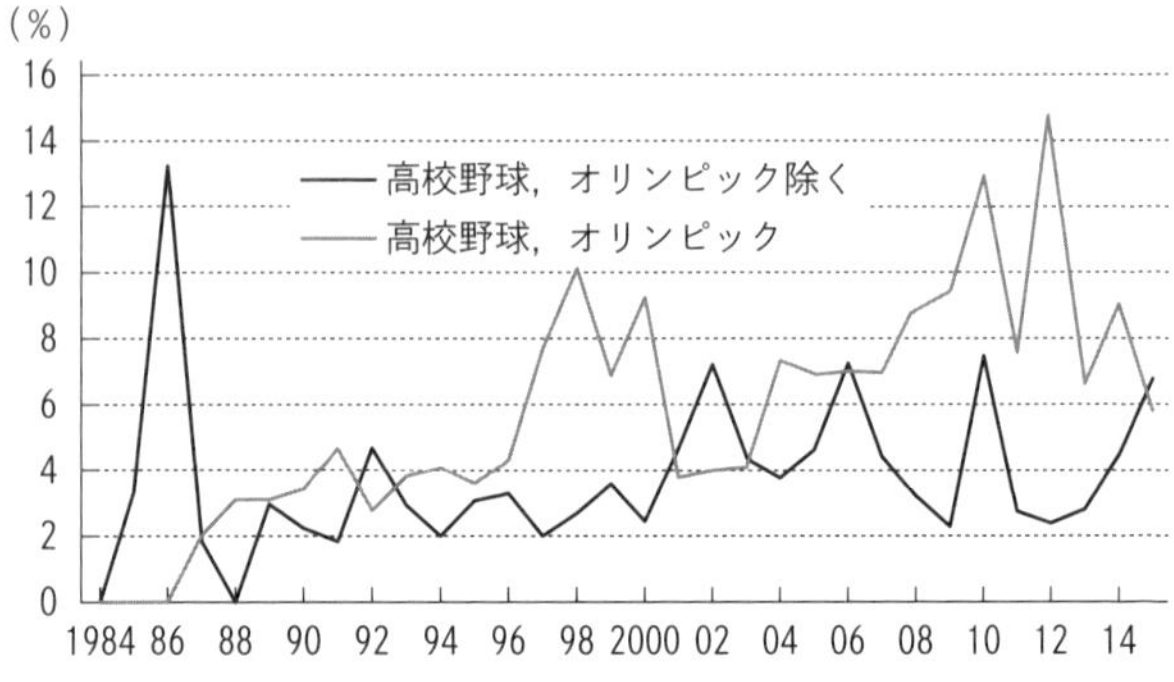

図2–11　高校野球、オリンピックとそれ以外のスポーツ報道の推移

ワールドカップの報道は二〇〇二年の日韓大会以降、急速に増加した。ワールドカップは、しばしば国を代表する戦いとしてとらえられ、そこでの親友は厳しい舞台をともに闘う人物として描かれる。まさに、苦楽をともにした友情の物語が展開されているのである。

このワールドカップによる増分を、高校野球およびオリンピック報道に加えると、一九八〇年代後半からの右肩上がりの傾向はさらに鮮明になり、それ以外の記事はさらに平坦になる。したがって、一九八〇年代以降のスポーツ記事の増分は、高校野球、オリンピック、ワールドカップの記事が増えたことによりほぼ説明できる。では、この事実が何を意味しているのか。

先にも指摘したように、高校野球とオリンピックは、精神修養および根性主義と強い関わりをもつ。ときに国を代表する戦争になぞらえられるワールドカップは、過酷な競争の場であり、そこで同じチームに属する人びとは戦友であるかのように表される。つまり、高校野球、オリンピック、ワールドカップの親友記事で描かれるのは、苦楽をともにしつつ、感動の物語を紡いでゆく関係性なのである。[*5]

一九八〇年代後半から、新聞ではスポーツをつうじて、少しずつ友情の物語が展開されていた。（3）「文化・芸術・芸能」の分析から、一九九〇年代半ば以降は、虚構または架空の世界で展開される親友の物語が増えていることが明らかにされた。同じ時期に、高校野球、オリンピック、ワールドカップを題材とした親友の物語も非常に緩やかであるものの、変わらず増え続けた。つまり、一九九〇年代半ばから二〇〇〇年代、二〇一〇年代は、フィクションの場を借りた親友の物語、過酷なスポーツの場を借

＊5　記事の詳細は第4章を参照されたい。

りた親友の物語が増えていったのである。

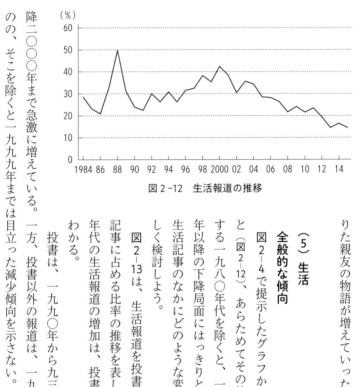

（5） 生活
全般的な傾向

図2−4で提示したグラフから生活報道のみを抜き出してみると（図2−12）、あらためてその特徴がよくわかる。数値が乱高下する一九八〇年代を除くと、一九九〇年代の上昇局面と二〇〇〇年以降の下降局面にはっきりと分かれる。では、この転換の間に、生活記事のなかにどのような変化が起きていたのか、もう少し詳しく検討しよう。

図2−12　生活報道の推移

図2−13は、生活報道を投書と投書以外にさらに分けて、親友記事に占める比率の推移を表している。これを見ると、一九九〇年代の生活報道の増加は、投書の増加によるものだということがわかる。

投書は、一九九〇年から九三年こそ増加しないものの、それ以降二〇〇〇年まで急激に増えている。一方、投書以外の報道は、一九九〇年が異様に低い数値であるものの、そこを除くと一九九九年までは目立った減少傾向を示さない。投書は生活報道の四割以上を占め

（四二・二％）、その存在も大きいことから、一九九〇年代の生活報道の上昇は、投書の増加によるものと考えられる。

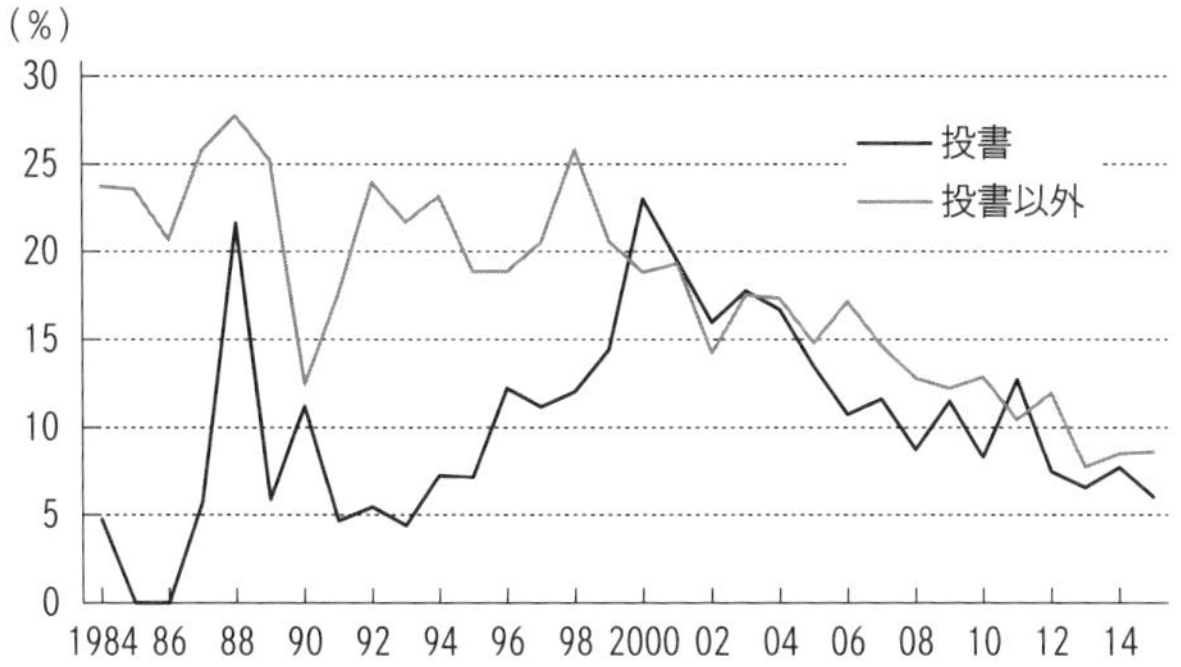

図2－13　投書とそれ以外の生活報道の推移

二〇〇〇年以降は投書、投書以外の報道ともに下落基調にある。ここから、二〇〇〇年以降の生活報道の減少は、生活に関連する話題を扱った記事全般の縮小によりもたらされたと言えよう。では、生活報道の特徴的な変動は、何を物語っているのだろうか。

生活者の言葉の前景化と後景化

親友という言葉を含む生活報道は、一九八〇年代は乱高下するものの、一九九〇年代に入ると上昇基調を示した。この上昇の原動力となったのが投書であった。一九九〇年代初頭から二〇〇〇年までの投書の急増が、生活報道の出現頻度を高めたのである。ここから、一九九〇年代は、生活者が親友を語るようになった時代と位置づけられる。

読者の投稿から成り立つ投書は、当然ながら、記事の大半がいわゆる市井の人の投稿により構成される。このことは、投書の発話者の社会的属性の九九・四％が「その他」であることからも推察される。親友という言葉を含む投書記事の増加は、一九九〇年代において、いわゆる「ふつうの人びと」が生活場面で「親友」という言葉を発する機会が増えたことを意味する。[*6]

第1章で振り返ったように、一九九〇年代は、友人が充実感の源泉、相談先として以前にも増して機能するようになった。本章の結果とあわせれば、一九九〇年代は友人の機能拡大とともに、生活場面で「親友」という言葉が発せられる機会も増えていったのである。一九九〇年代は、まさに生活場面で友人関係が前景化した時期だと言えよう。

しかしながら、後の時代において、友人関係は前景化するだけでなく、複雑化してゆく。それに付随して生活場面で親友が登場する機会も縮小してゆく。投書を含む生活に関連する報道の全般で、親友という言葉を見かける頻度は、二〇〇〇年代に入ると減ってゆく。生活という場面に限ってみれば、一九九〇年代に前景化した友人関係は、二〇〇〇年代に早くも後景化するのである。

（6）事件・事故・戦争

全般的な傾向

最後に、事件・事故・戦争報道について、当該記事の部分のみを抽出し、再度見てみよう（図2−14）。（1）「全体的変化」で指摘したように、事件・事故・戦争報道は、上昇傾向や下降傾向を辿るというよりも、特定のイベントに件数を規定される。図2−14だと、阪神淡路大震災のあった一九九五年、東日本大震災のあった二〇一一年に件数が上がっていることがわかる。この、イベントに規定される傾向は、事件・事故報道と戦争報道を分けるとさらにはっきりとする。

図2–15は事件・事故報道、図2–16は戦争報道の推移である。事件・事故報道については、震災の起きた年とその翌年（一九九五、九六年および二〇一一、一二年）に出現率が一挙に高まる。

戦争報道は、上下動が激しく規則性がないように見える。しかし、図の丸で囲った部分の急上昇については、共通の説明が可能だ。よく見ると、グラフ上の丸は、一九八五年前後、九五年前後、二〇〇五年前後、一五年前後と一〇年おきに記されている。これらはいずれも、第二次世界大戦終了から数えた「節目」の年にあたる。すなわち、終戦四〇年、五〇年、六〇年、七〇年にあたるのである。第二次世界大戦終了から数えた「節目」の年は、新聞紙上で戦争特集が組まれやすい。

親友という言葉が使われる戦争報道の大半（八四・五％）は、第二次世界大戦関連のものである。それゆえ、戦争報道の増減は、第二次世界大戦終了から数えた「節目」の年に増えやすいのである。

以上まとめると、事件・事故・戦争報道は時代の推移によって上下するというよりも、日本社会に衝撃を与える出来事との兼ね合いで変化することが明らかになった。とくに、阪神淡路大震災、東日本大震災、第二次世界大戦と、日本社会に深い傷痕を残した三つの出来事は、親友記事の増減にとりわけ大きく影響している。

＊6　生活者が投書欄において実際に何を語ったかについては、第3章を参照されたい。

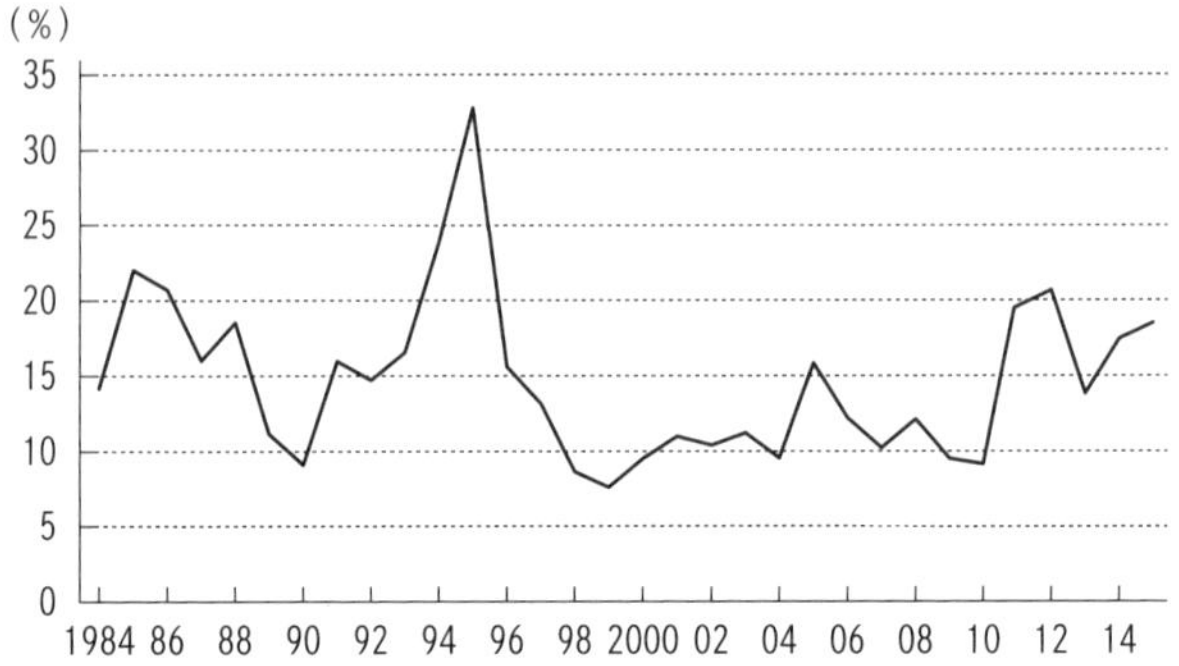

図 2-14　事件・事故・戦争報道の推移

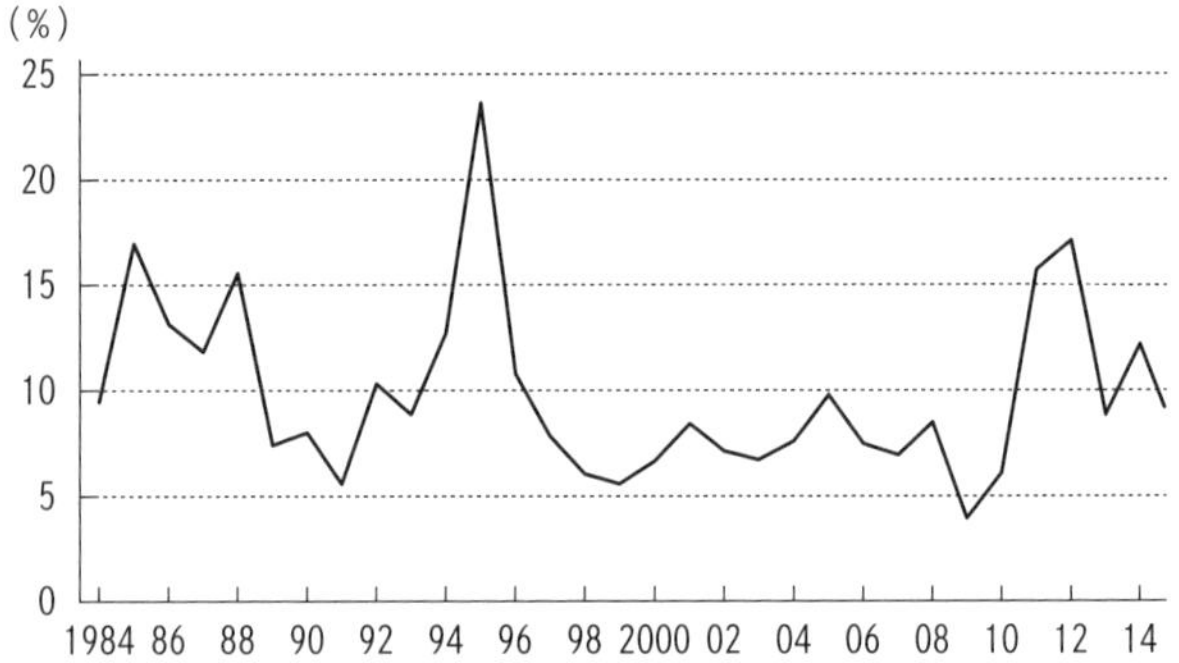

図 2-15　事件・事故報道の推移

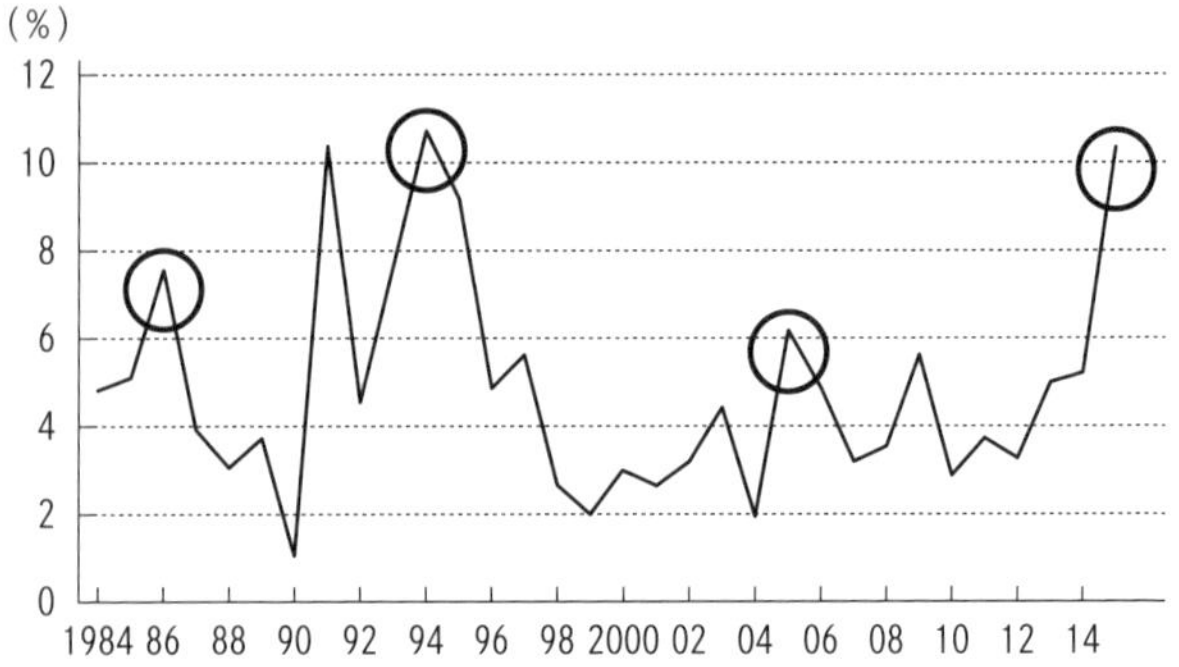

図 2-16　戦争報道の推移

死による再認識、極限状態の共有

それでは、阪神淡路大震災、東日本大震災、第二次世界大戦との関連での親友記事の増加は、何を意味しているのだろうか。これを読み解く鍵として「死」をあげたい。

今回のデータをコーディングしていて感じたのは、死に関連する記事が多いことである。その状況は、親友の死を嘆く、多くの人が死ぬような極限の状況を親友とすごす、などさまざまである。

実際に、親友記事のなかで死に関連する記事がどのていどあるのかというと、約三割（二九・七％）にのぼる。人びとの生活のなかで死と接する機会は、これほど多いとは思えないので、親友記事は人びとの死と強い関連をもつと言える。また、親友記事のなかで、死について言及された記事の比率の経年変化を見ると、一九九五年近辺、二〇一一年近辺が飛び抜けて多いものの、それ以外の年でもほぼ一定数存在することがわかる（図2-17）。

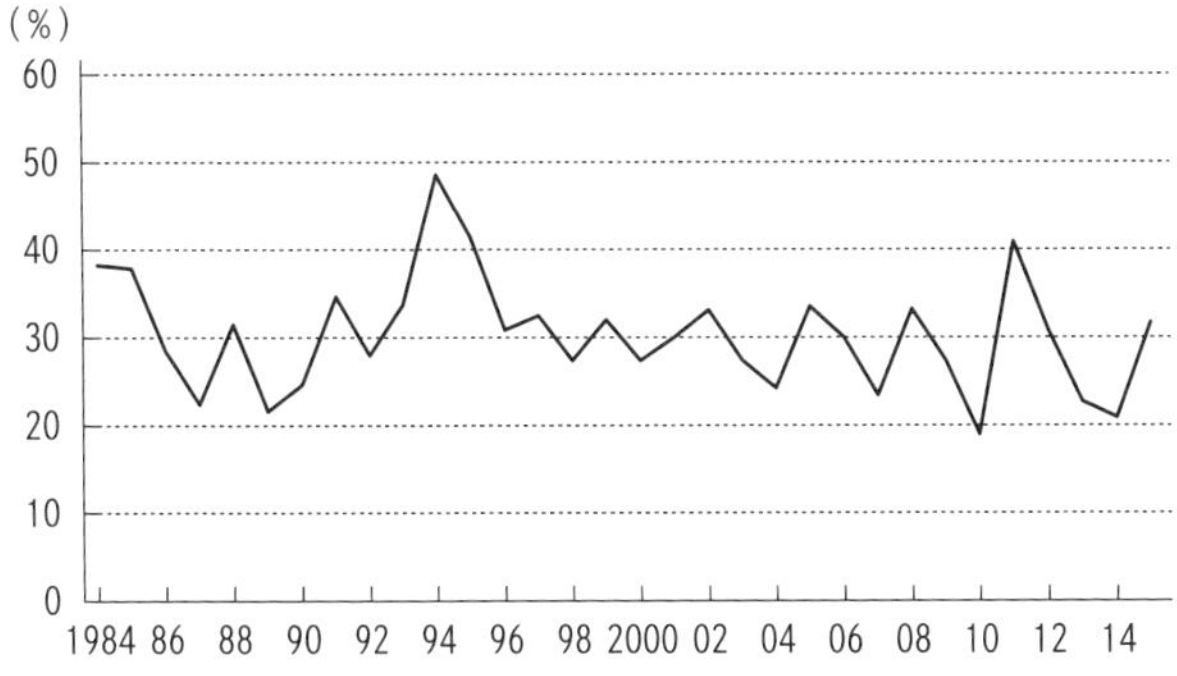

図2-17　死に言及された記事の推移

そこで、政治・経済、文化・芸術・芸能、スポーツ、生活、事件・事故・戦争報道のなかで、死にかんする記述を含むものがどのていどあるのか確認すると、図2-18のようになる。この図は、

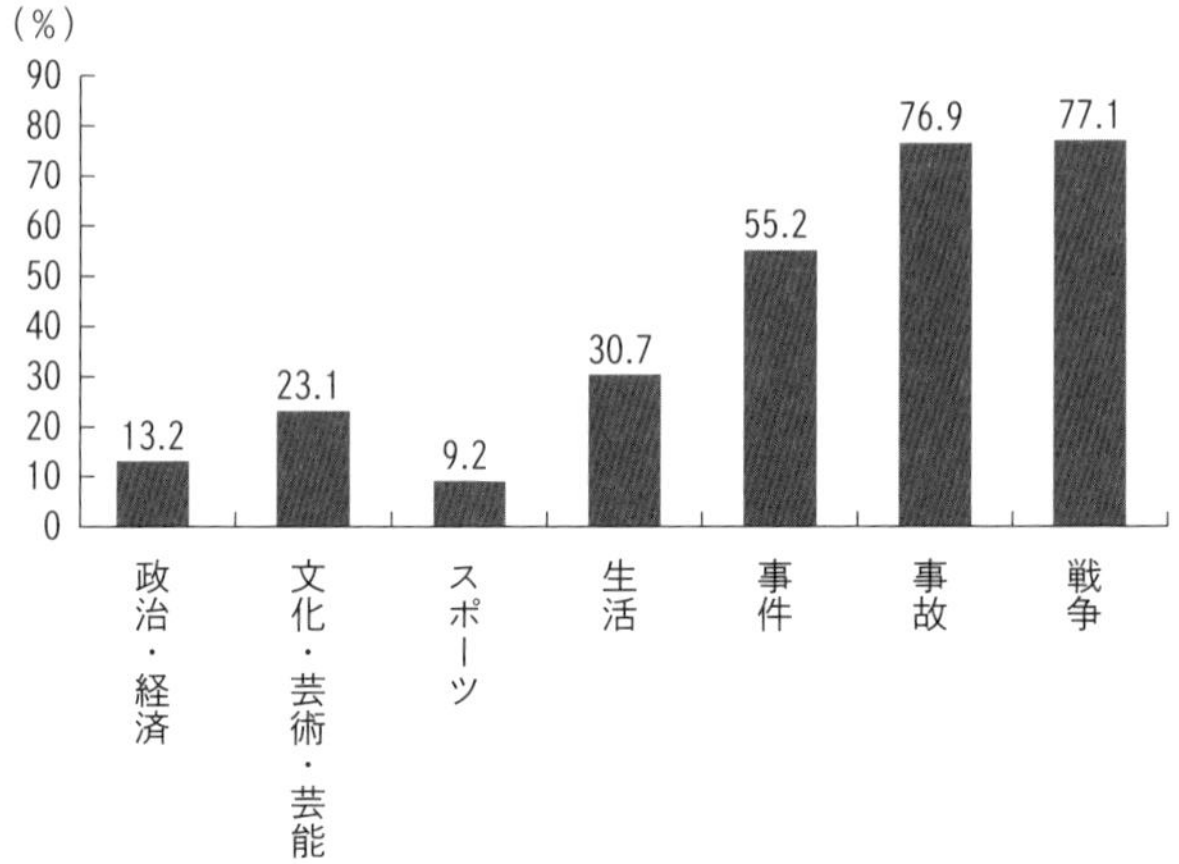

図2-18　死にかんする記述の多さ

事件・事故・戦争報道をさらに細かく事件、事故、戦争報道に分けている。

この図を見ると、他の報道に比べ、事件、事故、戦争報道は、死に関連するものが多いことがわかる。とくに、災害を含む事故報道、第二次世界大戦を含む戦争報道の七五％以上は、死に関連する記述がなされている。つまり、事件、事故、戦争記事の件数は、死にまつわる出来事と強く関連するのである。大規模災害や戦争は、とくに多くの犠牲者を出すため、局所的に親友記事を増やす効果をもつ[*7]。では、それらの記事にはどのような特性があるのだろうか。

死にまつわる記事は、ある人の死を契機として、当該人物を振り返り親友と位置づけるもの、死を意識させられるほどの極限状態の共有によるもの、に大別される。たとえば、以下の記事を見てほしい。

宝塚市の宝塚中学校体育館に＊＊＊＊君（14）を呼ぶ声が響いた。父母席にいた姉の＊＊さん（18）が立ち上がって壇上に進んだ。**親友**の＊＊＊＊君（15）が、ピースサインで笑う＊＊君の遺影を持って並んだ。同級生の＊＊＊＊さん（15）が、答辞で＊＊君に呼びかけた。「私たちの心の中では今も＊＊君は学校に来ています。一緒に過ごした日々を忘れない」（一九九五年三月一三日　夕刊）

＊＊さんは陸軍の軍曹としてニューギニア島東部に出征。飢餓の島で**親友**となった＊＊＊＊軍曹と水杯を交わし、兄弟の誓いをした。＊＊さんは両親への手紙に「＊＊君を世話してほしい」と書いた。

終戦後、それぞれ復員を果たした。が、＊＊さんは実家にたどり着く間際に脳症で死亡。＊＊さんは約束の通り、＊＊さんの妹・＊＊（＊＊）さん（92）と結婚した。

「戦友の分も恥をかきながら生きてるんでしょうな。1日でも生きて、戦争のない世界にしたいです」（二〇一五年八月一五日夕刊）

ひとつ目は、阪神淡路大震災にかんする特集記事である。この記事では、被災により亡くなった同級生を指すさいに「親友」という言葉を使っている。この記事に限らず、ある人の死をもって、当該人物との関係を親友と規定する記事は多い。ここから、私たちは、他者の死により、当該人物との関係をあ

＊7　ちなみに、生活記事の三〇・七％、文化・芸術・芸能記事の二三・一％も多いように見える。その理由は、生活記事には、固有の人の死を悼む追悼記事が含まれ、文化・芸術・芸能記事には、故人の追悼展示や追悼演奏会、事件性の高い内容を扱うフィクション記事が含まれるからである。

るていど肯定的に再認識する傾向があることがわかる。

第二の事例は、戦後七〇年の特集記事である。この記事でも、「飢餓の島」で「親友」となった「軍曹」は後に亡くなっている。しかし、その事実をもって関係が再認識され、親友という言葉が使われているわけではない。重要なのは「飢餓の島」という極限の状況を共有した「戦友」だったことであり、その体験が親友という言葉を導き出している。戦争報道では、このような「親友」の用例はたびたび見られる。また、極限状態の共有は、「厳しい練習のなかでの切磋琢磨」と形を変えて、高校野球やオリンピック記事でたびたび見られるようになる。[*8]

以上の分析から、友人関係の経年変化とはあまり関係なく、他者の死あるいは死を想起させる経験・出来事は、人びとのつながりに影響を与え、友人・親友の認識を強化することが明らかになった。この点は投書欄を分析する第3章であらためて検討したい。

5 変化する親友の語り

ここまで、新聞記事の内容を素材に、日本社会における親友の語りの変化を検討してきた。最後に、内容ごとに検討されてきた知見をまとめ、一九八〇年代後半から二〇〇〇年代にかけての友人関係への目線の変化について論じよう。

（1）一九八〇年代後半

全体の傾向からすると、一九八〇年代後半、親友記事は件数こそ増えていたものの、出現率は低下傾向にあった。そこで、親友記事に占めるさまざまな報道の比率を見ると、この時期は乱高下するものが多い。そのなかで、明確に減少傾向を示したのが政治・経済報道である。一九八四年から八七年まで、親友記事の三〇％から四〇％を占めていた政治・経済報道は、一九八八年に七・二％と極端に下落したものの、八九年には二〇・一％と多少回復する。しかし、政治・経済報道が親友記事の二〇％を超えたのは、この年が最後であり、一九九〇年代は前半が一〇％ていど、後半は一〇％未満になる。

ここから、一九八〇年代後半は、「親友」という言葉が、私たちにとって縁遠い場で発せられる、象徴的・儀礼的な言葉ではなくなってきた時代だと言えよう。前節でも検討したように、政治・経済報道において、親友は、政治家同士の結び付きを象徴する言葉としてたびたび使われていた。しかし、そのような用例は八〇年代後半に急速に減少する。

一九八〇年代後半に、「親友」という言葉が、私たちにとって縁遠い場で発せられる言葉であることを示唆する、興味深いもう一つのデータがある。図2‒19は、各年の親友記事のうち、発話者が外国人の記事がどのくらいを占めるのか示している。これを見ると、グラフの形状は、一九九〇年から九四年までの短い期間を除くと、政治報道とほぼ同じになることがわかる。すなわち、八〇年代後半から一九九〇年まで急減し、その後、緩やかに減少傾向を示す。

＊8　この点は第4章で再度分析する。

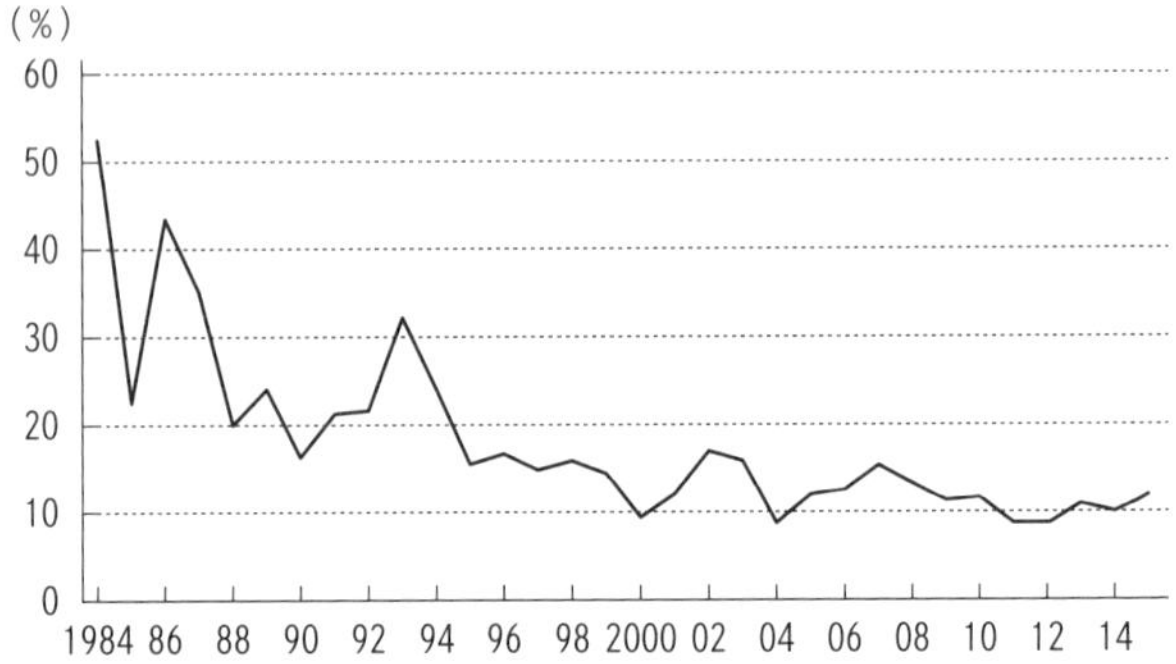

図2−19　発話者が外国人の記事の推移

ここでは、発話者が外国人の記事が八〇年代後半から一九九〇年まで急減したことに注目したい。というのも、日本社会の状況を考えれば、この時期に外国人の記事が急減するとは考えにくいからだ。

一九八〇年代は、まだ、ソビエト社会主義連邦共和国が存在し、東西冷戦が続いていた。また、情報通信環境も整備されておらず、海外の情報はそれほど簡単に手に入らなかった。翻って、現在は、グローバル化が標榜され、人、もの、情報の行き来は一九八〇年代と比べものにならないくらい盛んである。東京都心を走る電車に乗れば、いわゆる「外国人」と思われる人を目にすることも珍しくはない。

このような事実を踏まえ、あらためて、**図2−19**を見てみると違和感を抱かざるを得ない。というのも、外国人と触れる機会も多く、外国を意識する機会の多い近年ほど、外国人を発話者とした記事も増えると考えられるからだ。にもかかわらず、グラフの形状は正反対になっている。この理由の一つに、発話者が外国人の記事は、その四五%が政治・経済報道であることがあげられる。ゆえに、政治・経済報道のグラフと形状が似通ってくるのである。

しかし、ここでは、もう一つの重要なポイント、すなわち、一九八〇年代にはいわゆる「外国人」と呼ばれる人びとが、われわれにとって遙かに「縁遠い」存在だった、という事実に着目したい。この点と政治・経済報道の急速な縮小を合わせて考えると、一九八〇年代は、「親友」という言葉の転換点だったと考えられる。すなわち、私たちにとって遠い人びと、あるいは遠い世界で儀礼的、象徴的に発せられる言葉ではなくなっていったのである。友人関係が前景化の兆しを見せた一九八〇年代は、親友という言葉が私たちにとって縁遠い世界から解き放たれた時代でもあったのである。

（2）一九九〇年代

それでは、一九九〇年代にはどのような変化が起きたのか。総記事数との対比で見ると、親友記事は、一九八〇年代の低下傾向を脱し、一九九〇年代は一貫して上昇基調にある。以下では、その内実について検討してゆく。

親友記事のなかで、一九九〇年代に増加基調にあったのは、生活報道とスポーツ報道であった。なかでも、生活報道は、起点となる一九九〇年（二三・九％）から、最高値となる二〇〇〇年（四二・〇％）まで、ほぼ二〇ポイントも伸びている。[*9] 文化・芸術・芸能報道は、一九九〇年代前半は減少するものの、それから緩やかに増えている。しかし、九〇年代のみを切り取ってみるならば、乱高下するものの、あ

＊9　この時期のスポーツ報道の伸びは、一九九〇年（五・七％）から二〇〇〇年（一一・七％）まで、わずか六ポイントていどであることを考えると、その数値の大きさがわかる。

まり変わらないと言える。政治・経済報道は先にみたとおり、緩やかな減少を続け、事件・事故・戦争報道は各年の社会現象に規定される。したがって、親友記事が大幅に増えていった一九九〇年代は、生活報道が大幅に増えた時期と重なるといってよい。

この変化は八〇年代の変化と合わせて考えると非常に示唆的である。一九八〇年代は、友人関係の前景化の兆しが見られた時期であり、それに付随して、親友という言葉は、政治や外国といった縁遠い世界から解き放たれていった。

後に続く一九九〇年代は、第1章でも確認したように、友人関係の前景化が、変わらず加速してゆく。それに付随して、親友記事における生活報道が増えているのである。

ここから、一九九〇年代は、親友という言葉が、メディアにおいても生活領域に浸透した時期だと言えよう。八〇年代に縁遠い世界から解き放たれた親友概念は、九〇年代に入り、本格的に生活領域に浸透したのである。まさに、親友の生活世界化である。一九九〇年代の親友記事の変化は、友人関係の前景化が私たちの生活に行き渡り、親友概念が生活領域に浸透した事実を反映しているのである。

(3) 二〇〇〇年以降

しかしながら、二〇〇〇年以降は、また、新たな局面に転じてゆく。二〇〇〇年以降の友人関係を振り返ると、前景化したゆえの複雑性も垣間見られた。人びとは前景化し、つながりやすくなった友人との距離感に悩み、友人に対して複雑な思いを抱えるようになる。こうした状況にあって親友記事は、また新たな様相を呈する。

総記事数との対比を確認すると、親友記事は、二〇一〇年以降は若干増えているものの、二〇〇〇年から二〇一〇年まではほぼ並行である。つまり、九〇年代に見られた親友記事の増加傾向もひと段落したと言えよう。では、このなかで、親友記事の内実はどのように変わったのか。ひと言で言えば、生活領域からイメージ領域への転換が見られた。

二〇〇〇年以降、親友記事のなかで顕著に増えたのが、文化・芸術・芸能報道である。二〇〇〇年に親友記事の三三・三%であった同報道は、二〇一五年には五〇・七%と全体の半数を占めるまでになった。

同じようにこの時期に増えたのはスポーツ報道である。二〇〇〇年以降のスポーツ報道は、オリンピックやワールドカップなどの巨大イベントの開催により乱高下するものの、全体としては増加傾向にある。巨大イベントのない二〇〇一年と二〇一五年を比べると、八・三%から一二・五%とわずかに増えている。また、一九九〇年代には親友記事の六〜七%を占めるに過ぎなかったスポーツ報道は、二〇〇〇年以降ほぼ一〇%を超え、二〇一〇年には二〇%超えも記録している。ここからも、スポーツ報道の増加を見て取ることができる。

一方、生活報道は二〇〇〇年の四二・〇%を最高に下落を続け、二〇一五年には一四・八%と激減する。政治・経済報道は相変わらず下落し続け、二〇〇〇年代にはついに全体の三〜五%ていどしか占めなくなる。事件・事故・戦争報道は、二〇一一年の東日本大震災の発生により一時的に増えたものの、それ以外の年には相変わらず少ないままだ。

ここから、二〇〇〇年以降の親友記事については、文化・芸術・芸能報道、スポーツ報道が増える一方で、生活報道が大幅に減少したと言える。この結果は、親友概念の第三の転換を表している。すなわち、生活領域の言葉としての親友から、イメージ消費の言葉としての親友への転換である。

個別の報道分析から明らかなように、文化・芸術・芸能報道、スポーツ報道いずれも、固有のイメージに紐付けられたものとして親友という言葉を使っていた。文化・芸術・芸能報道であれば、映画や小説、テレビ番組のなかで友情の物語を紡ぎ出す人物として、スポーツ報道であれば高校野球やオリンピック、ワールドカップなどの舞台において、感動のドラマに登場する人物として、親友という言葉が使われていた。つまり、ここにいたって、新聞記事における親友は、実生活に即した概念から、人びとが想起する固有のイメージに紐付けられた概念に転じたのである。

この変化は二〇〇〇年以降の友人関係の変化とも対応する。二〇〇〇年以降の現実の友人関係は、重要であるものの複雑であり、扱いがたい側面を孕んでいた。このような心性を投影するかのように、新聞紙上では実生活の言葉としての親友は後退し、複雑さを捨象したイメージとしての親友が使われるようになったのである。つまり、二〇〇〇年以降の親友記事は、人びとの友人に対する願望を投影したと言えるだろう。

前の章で示したように、新聞紙上で「友人」「親友」という言葉を目にする機会じたいは着実に減りつつあった。しかし、それを補うかのように、紙面では、親友の紡ぐ物語を目にするようになったのである。二〇〇〇年以降の私たちは、幻想としての親友と現実の複雑な友人関係の狭間で生きているのである。

第3章

投書欄に見る親友のあり方

個人化・心理主義化への移行

1　投書欄の分析をつうじて

第2章の分析で、一九八〇年代後半から二〇一〇年代における親友記事の動向は、おもに、三つに分かれることが明らかになった。すなわち、①政治や外国人といった、どちらかというと「縁遠い」世界から解き放たれた一九八〇年代、②生活報道の増加に見られる生活領域への浸透を示した一九九〇年代、③生活報道が減少する一方、映画・テレビ・小説などの内容紹介およびスポーツ報道の記事が増え、イメージに紐付けられてゆく二〇〇〇年以降に分かれる。

本章では、生活報道のなかでも読者からの投稿によって構成される投書欄に着目し、生活世界における親友概念の変化を検討する。具体的には、朝日新聞の投書欄『声』のなかで、親友という言葉が使われた記事を、朝日新聞データベース『聞蔵ビジュアルⅡ』から検索し、抽出された記事の内容を分析した。対象とした期間は一九八四年から二〇一八年までである。

朝日新聞の『声』欄（以下、「声」と表示）は一九一七年から始まり、毎日五〜一〇本の投稿を掲載している。[*1]一つの投稿は長くて五〇〇文字ていどで、「年齢層や職業、男性女性の比率などを一日の紙面でできるだけバリエーションを持たせたいと思って作っています」（朝日新聞ホームページ）とのことだ。

いわゆる「ふつうの人びと」の投稿で構成される投書欄は、生活世界における親友概念の変化を探るにあたり好適である。それに加え、新聞社による選別も入るため、掲載される投稿には、社会的望ましさも反映されている。[*2] つまり、投書欄には、個々人の考え方と社会の意向の両方が反映されているのである。投書欄の分析をつうじて、本章では、親友という言葉の使われ方がどのように変化しているのか明らかにする。

2 親友記事における「声」の位置づけ

まず、親友記事における「声」の出現率の推移を、図3-1から確認しておこう。それに先立ち、この図の見方を若干説明しておきたい。図3-1には、二〇一〇年から一二年および一七年から一八年のところに、破線のグラフが入っている。これは、二〇一一年と二〇一八年の特殊性を考慮したためである。

二〇一一年、一八年は「声」において「親友」特集が組まれている。この二つの年に「親友」特集が組まれた事実も興味深いのだが、その点は後に考察することにする。ここでは簡単にグラフの説明をしておこう。

---

*1　以下の説明は、朝日新聞のホームページ、『担当記者に聞く、「ちょい読み」／声』を参考にしている。

*2　ただし、選ばれた投稿には、いわゆる「朝日新聞らしさ」が反映されている事実も否めない。たとえば、二〇一四年七月、安倍政権において、集団的自衛権の行使容認が閣議決定された前後には、親友記事においても、抗議や疑問を呈する投稿が複数見られた。

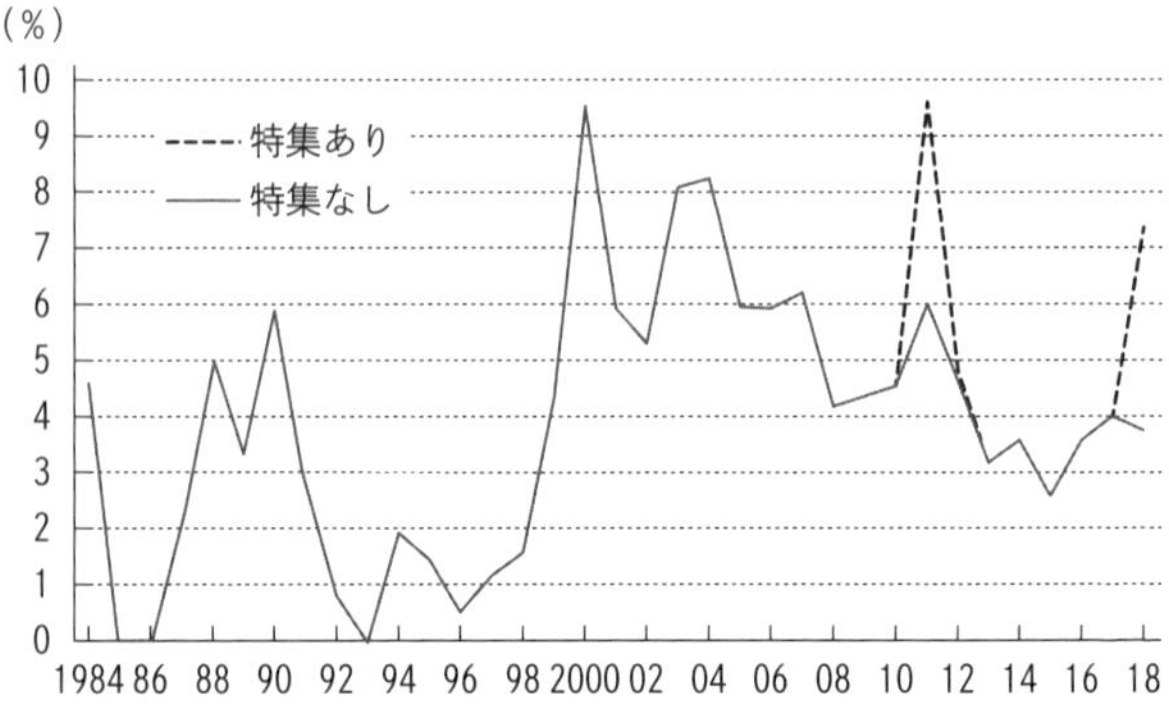

図3−1　「声」の出現率の推移

「親友」特集が組まれた二つの年は、「声」における親友記事の数が顕著に増えている。この揺らぎを考慮するために、特集記事を加算しないグラフ（実線）と加算したグラフ（破線）を掲載することにした。本章の以下のグラフでも、破線の入っているものは、すべて同様の処理をしている。

　以上の点を踏まえたうえで、あらためてグラフ（実線）を見てみると、生活報道および投書記事の推移を示したグラフ（図2−12、2−13）の形状に近似することがわかる。すなわち、一九九〇年代前半までは乱高下するものの、それ以降二〇〇〇年まで急速に伸び、その後、下降局面を辿っているのである。

　一九八四年から二〇一五年までの数値であるが、「声」の記事数は、親友記事として抽出された全投書の過半数（五二・八％）を占めている。ゆえに、「声」の記事数の推移が、投書記事の推移と近似することは不思議ではない。また、前章でも指摘したように、生活報道のグラフの形状は、投書記事の推移に強く規定されている。そのため、図3−1は、生活報道全体の出現率を示したグラフの形状にも近似するのである。

以上の分析から「声」の記事数の変化は、生活報道の記事数の変化をあるていど反映していると考えられる。本章では、「声」の記事数の変化の裏側に起きている事象を探ることで、一九九〇年代、二〇〇〇年代に生じた生活領域における親友概念の変化を探ってゆく。

3 「声」における親友描写の変化

❖ 分水嶺としての二〇〇〇年

(1) 二つの親友記事

さて、「声」における親友記事といっても、必ずしもそのなかで、親友との交流が中心的に描かれているわけではない。たとえば、同じ年（一九八九年）の近い時期に掲載された以下の二つの投書を見比べてほしい。[*3]

*3 引用のさいの主なルールは以下の通りである。当該記事の見出しについては、傍線を施す。当該記事の「親友」という言葉はゴシック太字とし、識別しやすいようにしておく。また、引用の末尾には、記事が掲載された新聞の発行年月日、朝夕刊の別を括弧つきで記載する。また、本名は伏せ字（＊＊）にする。

（声）男の更年期に達し「心の病」を感じる

札幌市　＊＊＊＊（フリーライター　47歳）

高齢化社会がどうの、老人福祉をどうするとかの、本来的には通年のみならず、10年単位以上での予測を含む展望と、その対応を要するはずの重要課題が、ともすれば、「敬老の日」前後でのみ急務のごとく各方面で論じられる現状にいら立ちを禁じえない。

というのも、気ばかり若いつもりで過ごしてきた私自身も、「更年期」の訪れを精神的に感じる昨今だからである。つまりは、男の更年期は、女性にいわれる、ほぼ肉体的なものとはまた異質の〝心の病〟といえよう。もちろん、個人差は歴然としているが、同世代の知人の多くが同様の悩みを口にするし、カウンセラーの手をわずらわせている**親友**も現に存在する。

私の場合、見ず知らずの人から「おじさん」と呼ばれることに、抵抗を感じなくなった自分への情けなさが特徴的だ。つい最近までとはまるで違う精神構造が、知らず知らずのうちに自らの心に大きな比重を占めてきた。そして、その原因を特定できない自分がまた情けなくなるといった悪循環を繰り返す。

で、こう考えてみた。私たちの世代が「高齢者予備軍」的な立場で問題提起をさせられがちないまの世の中、どこかで世論の誘導と巧妙な商行為が成立してはいないか、と。心身ともの健やかさはなかなかに維持しにくいご時世ではある。（一九八九年九月一五日　朝刊）

（声）私をささえる、亡友の励まし

千葉市　＊＊＊＊（看護学生　19歳）

昭和63年3月、**親友**だった7人が高校卒業と同時にそれぞれの道へと歩み始めた。衛生看護科だったので、全員が看護職を目指した。3人が病院に就職し、私を含む4人は看護学校へと進学した。

看護学校は今や狭き門で、しかも働きながら（時には夜勤をしながら）、受験勉強をすることは至難のわざであった。就職した3人のうちの1人が、そうした困難を克服して、この4月入学できるはずであった。

ところが、彼女は入学の準備のためアパートへの引っ越しに追われているさなか、雨の日の高速道路で他界した。徹夜で勉強し、浮足立っている周囲の人々にかまわず片時も参考書を手放すことがなかった。

私は今、2年へ進級し、病院実習に毎日明け暮れている。あえぎもがいている今、私をささえているのは彼女である。「自分が苦しい時考えよ、自分よりもっと苦しみ悩んでいる者がいるということを……」。

私は彼女にささえられながら、彼女の分も精いっぱい生きていきたいと思う。（一九八九年六月一八日　朝刊）

この二つの記事では、「親友」の重みが明らかに異なる。最初の記事では、更年期の心の病が中心テーマに据えられ、親友については、その話の一部として触れられるのみである。したがって、この記事から、執筆者と親友との交流のあり方を想起することは難しい。一方、二番目の記事は、親友との交流をメインテーマに据えて執筆されている。

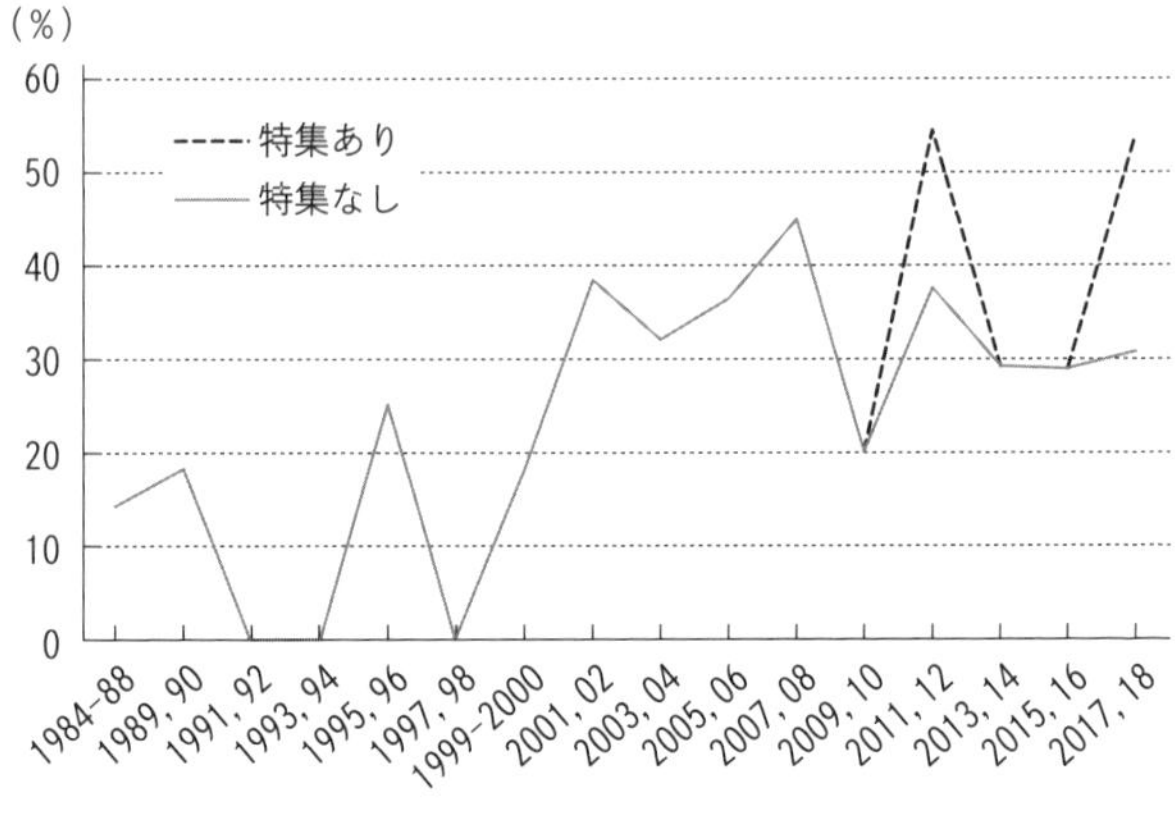

図3－2　親友との交流の描写がある記事の推移

「声」の親友記事は、親友との交流をメインテーマに据えた記事と、そうではない記事に大別することができる。そして、この基準を用いると、「声」の親友記事の内容は、一九九九年以前と二〇〇〇年以降にきれいに分かれる。

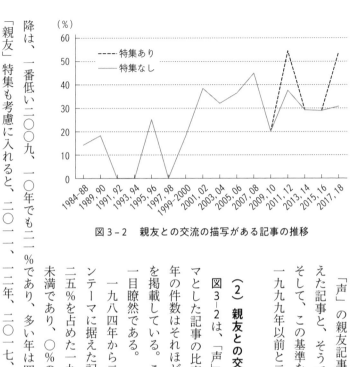

（2）親友との交流の描写

図3－2は、「声」において、親友との交流をメインテーマとした記事の比率の推移である。「声」の親友記事の各年の件数はそれほど多くないので、複数年をまとめた結果を掲載している。これを見ると、二〇〇〇年前後の変化が一目瞭然である。

一九八四年から二〇〇〇年までは、親友との交流をメインテーマに据えた記事は、ほとんど見られない。例外的に二五％を占めた一九九五、九六年を除くと、いずれも二〇％未満であり、〇％の年も三カ所ある。一方、二〇〇一年以降は、一番低い二〇〇九、一〇年でも二一％であり、多い年は四〇％近くに達する（「親友」特集を除く）。「親友」特集も考慮に入れると、二〇一一、一二年、二〇一七、一八年は、親友との交流をメインテーマとした記事が過半数に達する。

一九九九年以前と二〇〇〇年以降で分けると、その差はさらに顕著になる。図3－3は、親友描写のある記事、ない記事、マイナス記事の比率を、一九九九年以前と二〇〇〇年以降を比較するかたちで、示している。マイナス記事とは、親友描写はあるものの、「親友に裏切られた」などのマイナスの事象を示した記事である。

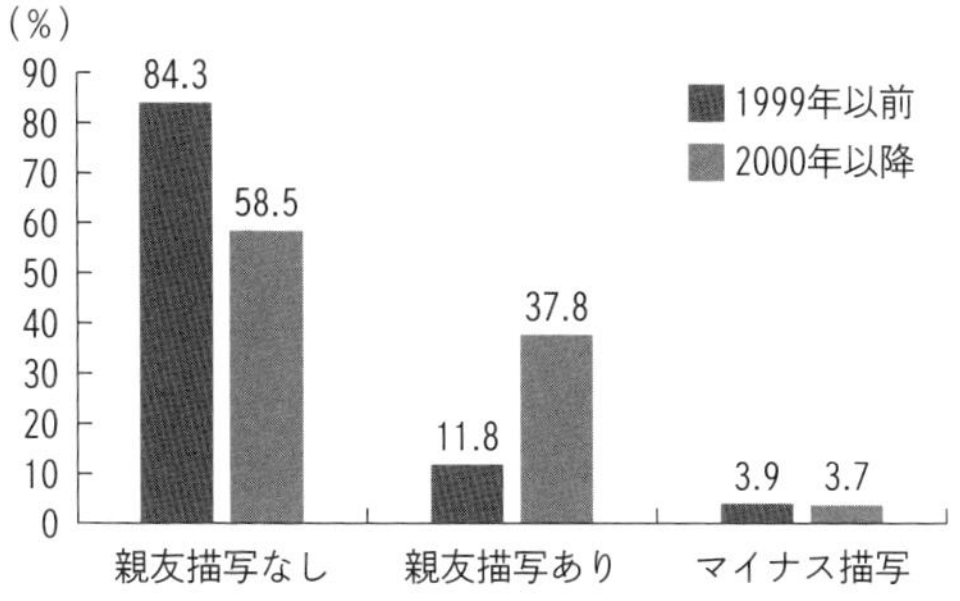

図3－3　親友との交流の描写がある記事、ない記事の比率

この図を見ると、二〇〇〇年前後の変化がよくわかる。マイナス描写の記事はほぼ変わらない一方、「親友描写なし」の記事が二五ポイントほど減り、「親友描写あり」の記事が二五ポイントほど増えている。

以上の分析結果から、「声」欄では、二〇〇〇年を境に、親友との交流をメインテーマに据えた記事が顕著に増えていることが明らかになった。では、この増加の背後で、何が生じているのだろうか。

（3）投書のなかの「親友」の物語

「声」における親友との交流をメインテーマに据えた記事の増加は、第2章の分析結果につうじるところがある。親友の物語の増加である。第2章では、二〇〇〇年以降のスポーツ報道およびフィクション報道の増加から、親友記事において、友情の物語を紡ぎ出す描写が増えていることを指摘した。投書欄における、親友描写の増加は、この流れに重なる。

「声」において、一九九〇年代まで、生活世界のなにげない風景で使われていた「親友」という言葉は、二〇〇〇年以降、投稿者による友情の物語のなかで使われる頻度を増した。言い換えると、「声」欄における親友は、生活のふとした場で現れる存在から、一定の物語性をまとった存在へと移っていったのである。ここから、「親友」のイメージ化、物語化は投書欄でも進んでいたと言えよう。

この点は、二〇一一年、二〇一八年において「親友」特集が組まれた事実にも現れている。調査対象とした一九八四年から一度も見られなかった「親友」特集は、二〇一〇年代には二度も組まれている。このことじたい、新聞というメディアおよび社会が「親友」の物語を欲している事実を反映している。友人関係の複雑性がほの見えた二〇〇〇年代は、人びとが友情の物語を欲する年代でもあったのである。

4 「声」における親友の描写

では、「声」において、親友との交流はどのように語られてきたのだろうか。また、親友はどのような役割を果たしてきたのだろうか。本節では、親友との交流をメインテーマに据えた記事に絞って、さらに細かく内容を分析してゆく。

表3－1　性別、年代の分布

	性別		年代					N
	男性	女性	0～19歳	20～39歳	40～59歳	60～79歳	80歳以上	
描写なし	44.3%	55.7%	11.8%	16.8%	26.1%	36.4%	8.9%	282
描写あり	42.8%	57.2%	21.4%	13.2%	16.4%	37.7%	11.3%	159
マイナス	31.3%	68.8%	41.2%	23.5%	11.8%	23.5%	0.0%	17

（1）親友を描写する人びと

本格的な分析に先立ち、まず、親友との交流をメインテーマに据えた記事を書く人、書かない人の属性を確認しておこう。

「声」における親友記事四五八件に対し、親友との交流を描写した記事は一五九件（三四・八％）、描写していない記事は二八二件（六一・六％）である。また、親友との交流を描写しているものの、裏切りなどのマイナスの描写の記事が一七件（三・七％）ある。図3－3で確認したように、全体の比率で言えば、親友との交流が描写されない投稿のほうが圧倒的に多い。しかしながら、その差は二〇〇〇年以降かなり縮まっている。

続いて、性別、年代別の分布を確認すると（表3－1）、親友との交流の描写の有無に性差は見られない。どちらも、女性がやや多くなっている。また、マイナスの描写は女性がかなり多いようだ。年代別には、親友の描写、および、マイナスの描写については、若年層に多く見られ、描写なしについては、四〇～五九歳の中年層に多く見られる。友人との交流の重要性が増す若年期において、交流の描写が増えるようである。

とはいえ、「描写なし」と「描写あり」のあいだで分布に著しい違いが見られるわけではない。ここから、二〇〇〇年前後を境にした記事内容の変化は、掲載される人の属性の変化では説明し得ないと結論づけられる。

（2）喪失体験と困難の克服の物語：二〇〇〇年代初頭まで

以上の事実を踏まえ、親友との交流をメインテーマに据えた記事において、親友は実際にどのような文脈で登場するのか分析してゆこう。結論を先取りすれば、これについても、二〇〇〇年近辺を境にした違いが見られる。

前節で分析したように、一九九九年以前に、親友との交流を描写した記事は非常に少なく、わずか六件しかない。しかし、だからといって、そこに特徴を見いだせないわけではない。というのも抽出された六件のうち五件は、きわめてわかりやすいフォーマットで執筆されているからだ。

一九九九年以前に親友との交流を描いた「声」の記事は、ある人の死（三件）、あるいは、本人や親友に生じた困難（二件）をめぐって記述されている。この「喪失体験」あるいは「困難の克服」の物語は、二〇〇〇年代初頭まで交流描写の中心を占め、その後も、多少の上下動はあるものの、交流描写のなかで一定ていど使われてゆく。

これらの記事は、かなりわかりやすいフォーマットで記述される。以下では、それぞれの構成について、例をあげながら見てゆこう。まず、喪失体験を描くケースである。

（声）**親友**を奪った飲酒運転の車　若い世代　【西部】

大学生　＊＊＊＊（大分県別府市　19歳）

①［昨年の暮れ、私の**親友**が飲酒運転の車にはねられ、亡くなった。あまりにも突然の出来事だった。

②［彼女は中学からの**親友**だ。私が地元から離れた大学に入学してからも、幾度となく手紙やメールをやり取りし、帰省したときは必ず会っていた。彼女の亡くなった次の日、私たちは会う約束をしていたので、まるで信じられなかった。

③［あれから私は、交通事故と飲酒運転について考えるようになった。飲酒運転が後を絶たない社会。駐車場のある居酒屋なんて、飲酒運転を促しているようにしか思えない。私はこの社会に染まり生きてきたが、その時初めて、この社会がいかにおかしいかということに、あまりにも遅くはあるが気付いた。

④［今を生きる人々に、飲酒運転について改めて考えてみてほしい。自分が例外だとは思わないでほしい。自分は大丈夫だという安易な気持ちが事故を引き起こす。自分自身が被害者になる可能性もあるのだ。

私は今年20歳。飲酒もでき、運転もできる年齢。そんな今だからこそ、私は呼びかけ、社会を変えたい。それが今の私にできることであり、**親友**である彼女とともに生きていくということのように思う。（二〇〇二年五月二〇日　朝刊）

喪失体験を描いた記事は、基本的に、①喪失の事実・悲しみ、②親友との交流、③社会への提言、④親友へのメッセージやこれからの決意、によって構成される。①から④の順序は決まっているわけではなく、①喪失体験が最後に来る記事もある。また、記事によっては、③や④を含まないもの、どちらかだけが入るものもある。喪失体験の記事ゆえに、①は必ず含まれ、②も多くの記事に含まれている。亡くなる人は、親友、子どもの親友など多様である。なかには、「配偶者が亡くなった悲しさを親友が癒す」といった後述する困難の克服に近似するものもある。そもそも、喪失体験じたいが、個々人に困難として経験されることも多い。そのため、喪失体験を描くケースと困難の克服を描くケースは重なることも多い。

次に、困難の克服を描いたケースである。

（声）私の**親友**　気付けばそばにいてくれた　■みんなで語ろう　私の**親友**

主婦　＊＊＊＊（東京都　58歳）

①
私は大勢の友を持つタイプではありません。1人の人と向き合い、付き合う方が得意です。しかし、子育て中はどうしても大勢の方と付き合わなければならない時があります。それが、同居した母が認知症と分かると、1人減り、2人減り、最後は誰も寄り付かなくなりました。そんな私を見守ってくれたのが、高校時代からの同級生でした。

②
母は、病院を受診する際、落ち着かず、動き回りました。医師と相談し、同級生が看護師として勤めている病院に替えました。すると面倒見のいい彼女が、いつも笑顔でおり、母も座っていられました。彼女の勤める病院への受診は、4年間続きました。7年間の在宅介護が出来たのも、彼女の尽力のお陰です。

そして今は、いくつもの病を患っている私を、精神的に支えてくれています。先日は、会いに来てくれて生きるエネルギーをもらいました。今度は、どうしても会いたいもう一人の友を連れてきてくれて、時として沈む私の心をすくい上げてくれました。苦しい時、気付けば彼女がそばにいました。彼女は私にとって、心の支えです。（二〇一八年一二月一五日　朝刊）

③

困難の克服を描くケースでは、投稿者または親友に「わかりやすい困難」が襲いかかる（①）。困難じたいは、同居者の認知症、いじめ、受験の不合格、リストラなど多様である。その困難に対して、たいていは、親友または投稿者などから救いの手がさしのべられる（②）。その結果、困難に遭った当事者は、当該の困難を脱し、救いの手をさしのべてくれた人に感謝を表明したり、ありがたさを実感したりする（③）。ただし、必ずしも救いの手がさしのべられるわけではなく、何もできないことに罪悪感を抱いたり、ただ、回復を祈ったりするだけのこともある。

二〇〇〇年代初頭までの「声」欄の親友描写は、非常にわかりやすい二つの物語に占められている。しかし、それ以降になると、新たな親友の物語が展開されるようになる。

（3）重要さの表明、ちょっとした出来事、手紙：二〇〇〇年代初頭以降

二〇〇〇年代も初頭を過ぎると、「声」には、親友の重要さを表明した記述、困難と言うほどでもないちょっとした出来事にまつわる記述、手紙にかんする記述が増えてゆく。

重要さの表明

重要さを表明した記述とは、文字通り、親友の大切さ、かけがえのなさなどを表明した記述である。こうした記述は、喪失体験や困難の克服の描写に含まれることも多い。「親友を喪失したこと」、あるいは、「困難の克服にあたり親友から支援を得たこと」を踏まえ、あらためて、親友の重要性に思いをはせるのである。

しかし、二〇〇〇年代前半以降になると、そうした記述とは異なった重要さの表明が見られる。すなわち、親友の重要さを率直に記述する投稿が増えるのである。したがって、そこには、わかりやすい困難や喪失体験はない。たとえば、以下の記事を見てほしい。

（声）若い世代　部活に入って「心友」出来た　【名古屋】

高校生　＊＊＊＊（岐阜県瑞浪市　17歳）

あなたは友だちをどう思っていますか。最近「**親友**」のことを「心友」と表現しているのをよく見かけます。

中学生のころ、私は友だちのことを「心友」と感じなかったような気がします。しかし、高校に入学し、部活を始めてから友だちを「心友」と感じるようになりました。

私は部活で吹奏楽部に入っています。みんなで心を合わせてひとつの曲を演奏するので、曲をかんぺきに演奏させる過程で、いろいろな衝突が生じます。時には長時間、話し合いが続くこともあれば、涙を流しながら熱く語ることもあります。中学生のころは、このようなことは決してありませんでした。というより、そこまで真剣になっていなかった気がします。吹奏楽部に入ったばかりのころは、それほど熱くなることはありませんでした。しかし、最近は、すてきな演奏がしたいと1人、2人と話し合いに参加し、意見を出し合い、心底から考えて真剣に討論するようになりました。

私は真剣に向き合える友だちは簡単につくれないし、めったにいないと思っています。それだけに、この先の人生で大きな支えになってくれる「心友」を心から大切にしていきたいと思っています。（二〇〇六年六月一一日　朝刊）

この記事は、投稿者と親友（心友）とのつきあいの記述に終始している。部活動のなかでの苦労はあるものの、記述じたいは交流が中心である。部活をつうじた交流のなかで、投稿者は親友の重要さを認識し、記事中で、「「心友」を心から大切にしていきたい」と率直な思いを綴っている。このように、親友の重要性を伝えることに主眼をおいた記事が増えているのである。

ちょっとした出来事

ちょっとした出来事にまつわる記事は、困難と言えるほどのものではない出来事を投稿者または親友が経験し、それに対して親友または投稿者がサポートを施す記事である。そこには、友人に対する重要さの表明などの率直な記述は見られない。また、「ちょっとした出来事」は、何らかの会への出演や老いゆくことへの漠然とした不安などさまざまである。こちらも例を見てみよう。

（声）カラオケ　持つべきは友、のど自慢出場　【名古屋】

会社員　＊＊＊＊（愛知県蟹江町　58歳）

歌が上手とほめられ、調子に乗ってＮＨＫののど自慢にこっそり応募した。予選日の10日ほど前になって「予選があります」と案内が届いた。

さあ大変。いつも遊んでいる**親友**（悪友？）２人に早速電話し、カラオケに付き合うよう頼んだ。練習といっても先生がいるわけではない。ああでもない、こうでもないと、同じ曲を何回も歌うだけ。聞かされている方は、たまったものではない。しかし、そこは**親友**。ブツブツ言いながらも、その夜はなんとか付き合ってくれた。

翌日も、また翌日も同じような練習。付き合わされた友のうちの1人は騒々しい音の中でいびきをかいて寝てしまい、もう1人はお酒を飲んでいい気分だ。

なにがどうなったのか、予選は無事に通過し、本番出場となった。本番は生演奏でカラオケのようにはいかず、不慣れと緊張でまったくいいところがなかった。それでも氷川きよしさんに会えて大満足だった。

それからは、カラオケ喫茶に行っても2人がのど自慢を紹介してくれるので、調子に乗って歌っている。2人にはゴルフでもボウリングでも勝てないが、カラオケだけは勝った気分だ。（二〇〇五年一一月二八日朝刊）

この記事では、「NHKののど自慢」に投稿者の出演が決まったことをきっかけに、親友が集まり、その交流が描かれている。親友は投稿者を緩やかにサポートしつつ、投稿者はのど自慢の舞台に臨む。後日談として、その後の親友との交流が描かれている。このちょっとした出来事にまつわる記事も、二〇〇〇年代前半以降に増えている。

手紙

手紙にかんする記述では、親友と手紙で交流することの喜びが綴られている。手紙にかんする記述が二〇〇〇年代前半以降に増えた理由はわかりやすい。情報通信端末を介したコミュニケーションの普及である。パソコン、携帯電話、スマートフォンなどの端末を介したコミュニケーションの普及とともに、あらためて手書きのメッセージのやりとりを見直す形で、手紙のよさが綴られている。たとえば、以下の記事である。

（声）若い世代　**親友**に手紙、至福のひととき

高校生　＊＊＊＊（東京都目黒区　18歳）

この夏、手紙を書く楽しさを知った。いつもはメールでやりとりする**親友**に書いたのだ。

まずは近所の文房具店で便箋（びんせん）選び。色々と目移りしながら花柄のレターセットを一つ買う。便箋に向かうと、今度はボールペンの色が悩みの種に。考えあぐねた末、黒に落ち着いた。

いよいよ書き始める。暑いなか元気にしているのか、受験勉強ははかどっているのか、今どうしているのか……。書きたいことはたくさんあるが、それらを心の中にいったんとどめ、よく考えてから文章にしていく。1枚書いては読み、また書き直し。毎日見直し、約20日間かけて書き上げると、便箋を丁寧に折って封筒に。そして何円切手を貼ればいいのかを調べ、**親友**に似合いそうな花柄のものを選んだ。

ポストに投函（とうかん）する時はドキドキ感に胸が躍った。メールとは違い、時間と手間をかけて言葉を選び、**親友**のことを真摯（しんし）に考えられた至福の時。これからは手紙も大切にしていきたい。（二〇一一年〇八月二七日　朝刊）

この記事は、「いつもはメールでやりとりする親友」に手紙を書き、その喜びが「至福の時」として綴られている。二〇〇〇年代前半以降は、手紙の素晴らしさを強調する投稿も明らかに増えている。

（4）数値による傾向の確認

あらためて、それぞれの記事の比率をまとめると、二〇〇〇年代初頭を境にした変化がはっきりわかる[*4]（表3–2）。表に示されたように、二〇〇二年より前は、親友との交流を描写した投稿のほとんどが困難の克服または喪失体験を題材として記述されている。しかし、二〇〇三年以降になると、親友の重要さ、ちょっとした出来事、手紙の記述が増える。とくに、親友の重要さを記した投稿は、困難の克服、喪失体験とともに、親友との交流を描写した記事の中心を占めるようになる。

親友の重要さ、ちょっとした出来事、手紙の投稿の拡大は、二〇〇二年以前、以後という形でまとめると、より明瞭に示すことができる（図3–4）。

この図を見ると、親友との交流を描写する投稿のなかで、困難の克服を描いた記事は、ほぼ半減し、喪失体験を描いた記事も八ポイントほど減っていることがわかる。一方、親友の重要さ、ちょっとした出来事、手紙の記述は軒並み増えている。では、この変化は何を意味しているのだろうか。手紙については インターネットの普及から説明づけられるので、以下では、それ以外の投稿の出現率の変化について検討してゆこう。

＊4　親友の重要さを表明しているものの、困難や喪失体験、ちょっとした出来事を経験している記事については、それぞれ困難、喪失体験、ちょっとした出来事カテゴリーに含まれている。また、困難と喪失体験が重なるものについては、喪失体験に振り分けた。

表 3－2　記事内容別の推移

	困難	喪失体験	重要性	出来事	手紙	その他	n
1999以前	33.3%	50.0%	16.7%	0.0%	0.0%	0.0%	6
2000–2002	43.5%	26.1%	0.0%	4.3%	0.0%	26.1%	23
2003–2005	21.4%	32.1%	10.7%	14.3%	3.6%	17.9%	28
2006–2008	23.1%	23.1%	26.9%	7.7%	0.0%	19.2%	26
2009–2012	10.5%	26.3%	34.2%	5.3%	10.5%	13.2%	38
2013–2015	27.3%	27.3%	0.0%	18.2%	9.1%	18.2%	11
2016–2018	29.6%	11.1%	25.9%	14.8%	3.7%	14.8%	27

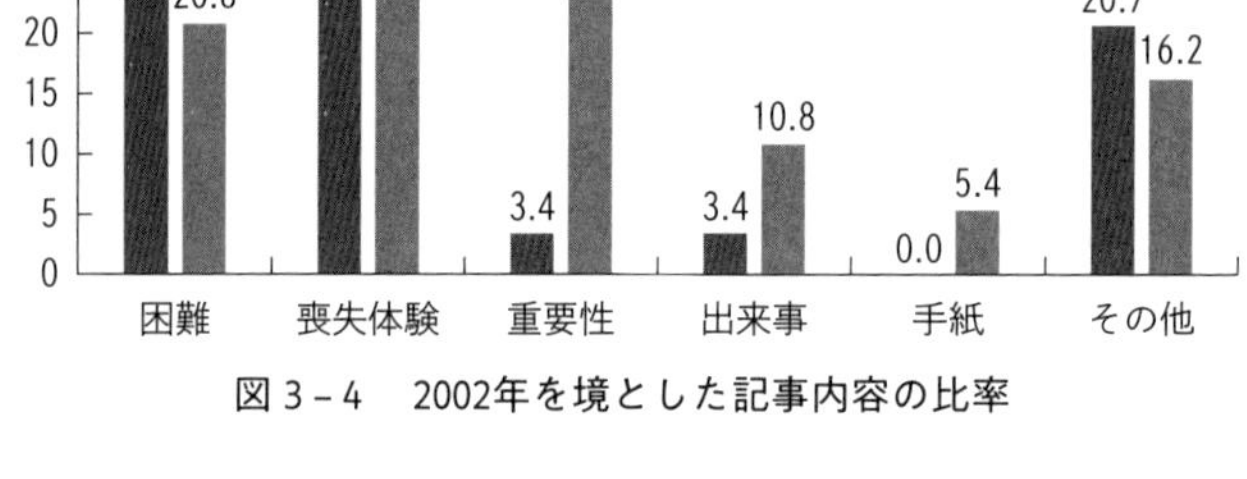

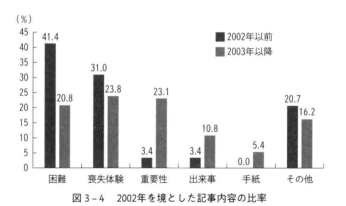

図 3－4　2002年を境とした記事内容の比率

（5）投稿描写の移り変わり：外的事実から内面重視へ

困難の克服、喪失体験を題材とした投稿の減少、および、親友の重要さ、ちょっとした出来事にかんする投稿の増加を読み解く鍵として、社会の個人化を指摘することができる。個人化社会とは、社会を構成するさまざまな単位が個人に分割され、諸個人の選択や決定がとりわけ重視される社会である。[*5]

日本社会において、個人化の様相がいっそう強まったのは、一九九〇年代の終わりから二〇〇〇年代初頭と言われている（鈴木 2015）。この時期は、人間関係においても個人化が進んでいった。多くの人びとに情緒的関係を供給した家族は単身化、未婚化の脅威にさらされ、多くの人びとに安定した生活を供給した（と考えられた）日本型雇用システムは、劣化の兆しを見せた。人間関係を存立させうる社会的基盤が揺らぐなか、自己の感覚や感情を仲立ちとして結ばれる友人関係が前景化していった。この点は、これまでに見てきた通りである。

重要なのは、個人化の様相がまさに顕在化してきたこの時期において、投書欄における親友の物語も変化している、ということである。人間関係の個人化が進むと、関係を係留する手段としての諸個人の内面の役割はいっそう強まる。彼・彼女らは、社会的要請ではなく、感情的要請をもとに人びとと関係を結ぶようになる。その典型が友人であり、親友なのである。

翻って、「声」の親友の物語の変化を見ると、個人化の傾向が顕著に見られる。二〇〇二年より前の「声」

＊5 詳細はBeck（1986＝1998）や鈴木編（2015）を参照されたい。

は、困難の克服や喪失体験の物語に彩られていた。わかりやすい困難や喪失体験は、諸個人の外側で起きた現象であり、それをもとに議論が展開されていたのである。したがって、二〇〇二年より前の投書欄における親友の物語は、外的な事実に規定されていたと言ってよい。

一方、二〇〇三年以降に急増し、かつ、親友の物語の中心の一角を占めるようになった重要さの記述は、諸個人の内面を起点に物語が展開される。すなわち、諸個人にとっての重要性という曖昧な感覚を軸に物語が展開されているのである。

増加傾向を示したもう一つの項目であるちょっとした出来事にも、個人化の傾向を読み取ることができる。ちょっとした出来事には、喪失体験や困難の克服の物語と同様に、外的事実に規定されるものもある。しかし、ちょっとした出来事には、先述したように、諸個人が抱く漠然とした不安感も含まれている。たとえば以下の投稿である。

（声）若い世代　友がくれた力、今度は私が【西部】

高校生　＊＊＊＊（山口県下関市　17歳）

人生の岐路に立ち、不安をたくさん抱えている。高校3年生となり、クラスの雰囲気も受験勉強などでぴりぴりしてきた。その雰囲気や新しい人間関係になじめず、たまに孤独を感じる。大人や受験の成功者の話を聞いてもどこかしっくりこなくて、ひとごとのように感じる。不安が重なり、自分に自信が持てず、今何を一番に優先すべきなのかわからない。毎日が将来への不安と孤独の戦いだ。

そうした日々の中で、唯一不安を打ち明けられたのは他校の**親友**だった。**親友**と話すことでわかり合え、頑張ろうと気持ちを切りかえられる。自分のやる気が高まり、何事もよい方向に考えることができるようになった。不安と孤独から一歩踏み出すことができた。

こうした経験をもとに、これからは、自分のことで精いっぱいにならないで、**親友**や周りの人を支えられる強い心を持った人になろうと思う。（二〇〇四年五月二六日　朝刊）

この投稿では、さまざまな事象から生じる漠然とした不安感や孤独感が表明され、その救いの手として親友が紹介されている。そこには、明確な困難や喪失体験があるわけではない。ちょっとした出来事には、このように心のさざ波を題材にした親友の物語も多数展開されている。こうした記述は「重要さ」と同様に、諸個人の感情や心理を起点とするものである。[*6]
以上の点を踏まえると、「声」欄では、二〇〇〇年代初頭以降、困難や喪失体験などの外的事実に基づく描写が縮小する一方で、感情や心理など諸個人の内面を起点とした親友の描写が増えていったと結論づけられる。この変化は、人間関係が個人化、心理主義化していく様相を反映している。

＊6　この記事が「重要さの表明」ではなく「ちょっとした出来事」カテゴリーに入っている理由は、表3-1と同様、便宜上のものである。これらの記事がどちらのカテゴリーに入ったとしても、二〇〇〇年代初頭を境に記事内容が変化した事実は変わらない。

5 投書欄から見られる物語性の拡大と親友関係の個人化

本章では、生活世界における親友の描写の変化を探るために、朝日新聞の投書欄「声」に掲載された親友記事を分析した。分析の結果明らかになったのは、①二〇〇〇年代以降に、親友との交流を軸とした描写が明らかに増えたこと、②その物語じたいも、個人化の様相を呈するようになってきたこと、の二点であった。以下では、それぞれの結果を踏まえつつ、一九八〇年代後半から二〇〇〇年代にかけての親友の位置づけの変化について検討しよう。

(1) 物語性の拡大

第2章の分析で、親友という言葉を含む生活報道は、一九九〇年代初頭から増えていったものの、二〇〇〇年代を境に下落傾向を辿ったことを指摘した。この傾向は、「声」についてもあるていど共通している。しかし、グラフの形状じたいは、より極端になった。「声」の出現率は、一九九〇年代半ばに急上昇し、二〇〇〇年を境に減少に転じる。とはいえ、親友概念の生活世界への浸透と停滞・下降が、一九九〇年代から二〇〇〇年代の間に生じた、という事実は変わらない。本章の知見は、ここにもうひとつ重要な事実を付け加える。物語性の拡大である。

一九九〇年代の初頭から、たしかに「声」における親友記事は増えたのだが、そこでの記述で親友との交流が中心的に描かれることはまれであった。一九九〇年代までの「声」において、親友は生活世界のなにげない場面で登場するのみである。つまり、生活場面に親友が登場する機会は増えているものの、親友との交流は、ほとんど描かれていないのである。

二〇〇〇年代に入るとその様相が一変し、親友との交流を中心的に取り上げた投稿が増える。二〇一一年と二〇一八年には親友特集も組まれ、新聞記事における生活報道および投書記事の存在感が薄れる一方で、投書欄における親友との交流の物語は、存在感を高めていった。しかも、そのなかで最も存在感を高めたのは、親友の重要さを率直に綴った投書であった。

第2章では、二〇〇〇年代以降、テレビ、小説、映画などの内容を紹介した親友記事、スポーツ、なかでもおもに、高校野球、オリンピック、ワールドカップにまつわる親友記事が増えていることから、親友記事が、固有のイメージを付与された親友の物語を前面に打ち出してきたことを明らかにした。本章の分析結果から、投書欄でも同様の変化を指摘することができる。二〇〇〇年代は、生活世界（投稿者）および社会（選者）のいずれからも、親友との交流の物語が求められていたのである。

（2）個人化・心理主義化へ

親友との交流の物語については、その内容じたいにも興味深い変化が見られた。一九八〇年代から二〇〇〇年代初頭までに投稿された親友との交流の物語は、その多くが喪失体験や困難の克服を題材にしていた。他方、二〇〇〇年代初頭以降は、親友の大切さを率直に綴った投稿や、日常のちょっとした出来事・心の揺れ動きを題材にした投稿、親友と手紙をやりとりすることの喜びを綴った投稿が増えていった。

ここで重要なのは、交流の内容を規定する要因である。さきにも述べたように、困難や喪失は、諸個人の外側で生じた事象である。一方、重要さの認識や心の揺れ動きは、諸個人の内面から発するものである。投書欄に寄せられた親友との交流の描写は、二〇〇〇年代初頭から、外的事実を起点としたものだけでなく、内面を起点としたものを増やしていったのである。

ここから、人間関係における個人化・心理主義化の進展を読み取ることができる。一九九〇年代後半から二〇〇〇年代初頭にかけて、日本社会は個人化してきたと言われている。人間関係についても、「つきあわねばならない」関係は縮小し、個々人が「つきあいたい」関係を選ぶ時代になった。言い換えると、関係を形成するにあたって、自らの「内なる感覚」が問われるようになったのである。

「声」における親友との交流の内容の変化、すなわち、内面を起点とした描写の拡大は、日本社会における人間関係の個人化・心理主義化の様相を明瞭に映し出している。その傾向は友人、とくに親友とのつきあいに鮮明に現れているのである。

第4章

親友たちの高校野球

球児たちの友情の物語

1　なぜ高校野球には親友記事が多いのか

第2章において、親友記事におけるスポーツ報道は、一九八〇年代後半から緩やかに増えていること、および、その多くは高校野球とオリンピックを扱ったものであることを指摘した。高校野球、オリンピックを中心とした親友記事の増加傾向は、新聞メディアにおいて、物語性を帯びた親友記事が増えていることを想起させる。というのも、高校野球やオリンピックは、精神主義的要素を加味した感動のストーリーとして描かれやすいからである。

高校野球やオリンピックが精神性、物語性を帯びやすいことは、すでに多くの人びとに指摘されている。[*1] たとえば、杉本（1994）は高校野球を「演じる日常世界」ととらえ、その典型として「友情物語」をあげている。親友記事におけるスポーツ報道のなかで、高校野球を扱ったものが突出して多いことからも、その傾向を推察できる。球児たちがチームメイト、あるいは、対戦相手と紡ぐ「友情物語」は、「感動ドラマ」としての高校野球に欠かせない要素なのである。

本章では、高校野球を題材として、新聞紙上で展開される「友情物語」に焦点をあて、その推移や傾向を分析してゆく。

2 友情の物語の拡大とその担い手

(1) 増えゆく友情の物語

第2章で確認したように、高校野球やオリンピックを扱った親友記事は、一九八〇年代後半から緩やかに増えてきた。しかしながら、それらのすべての記事で友情の物語が展開されているわけではない。その点は、前章で扱った投書欄において、親友との交流を扱っていない記事が少なからず含まれていたことと同様である。では、高校野球を扱った親友記事において、友情物語が展開されているものはどのくらいあるのだろうか。まず、その点から確認してゆこう。

投書などを除いて、高校野球を扱った親友記事は、データベースで検索すると、一九八四年から二〇一五年までで四二〇件抽出される。このうち友情の物語が展開されている記事は、二三三件であり、半分を少し超えるていどである(五五・五%)。この数字を見ると、高校野球では、それほど盛んに友情物語が展開されているわけではないように感じられる。しかしながら、友情の物語が展開されている記事の出現率の経年変化を確認すると、新たな事実が見えてくる。

図4―1は、高校野球を扱った親友記事のなかで、友情物語を含むものの比率の推移を示している。

＊1　高校野球については、杉本(1994)、有山(1997)を、オリンピックについては、山本(2010)、岡部ほか(2012)を参照されたい。

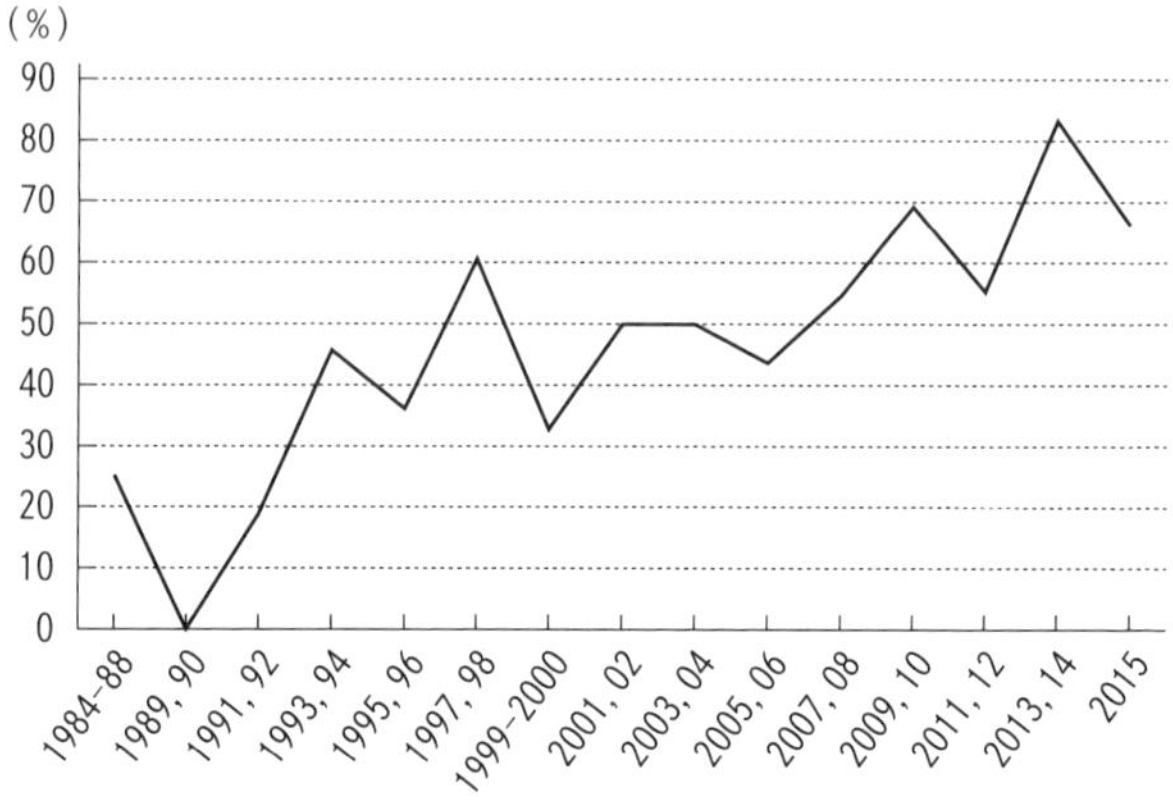

図4-1　友情の物語を含む高校野球報道の比率

図を見ればわかるように、友情の物語を含む親友記事は、一九九〇年からほぼ右肩上がりに増えている。一九九二年までは、友情の物語を含む親友記事は、〇%〜二五%しか含まれていない。その後、一九九〇年代半ばから後半になると、三〇%、四〇%を超えるようになり、二〇〇〇年以降になると、友情の物語は、ほぼすべての年で半数以上見られるようになる。二〇一三、一四年はとくに多く、高校野球を扱った親友記事の八三・六%に友情の物語が展開されている。

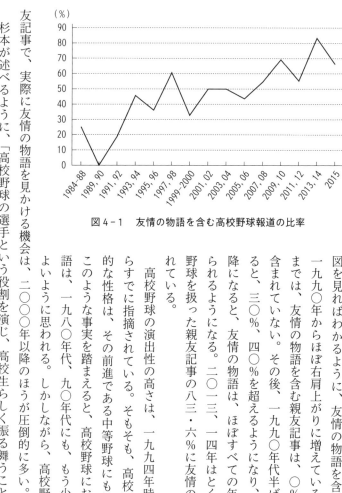

　高校野球の演出性の高さは、一九九四年時点で、杉本からすでに指摘されている。そもそも、高校野球の「物語」的な性格は、その前進である中等野球にも見られている。[*2] このような事実を踏まえると、高校野球における友情の物語は、一九八〇年代、九〇年代にも、もう少し見られてもよいように思われる。しかしながら、高校野球を扱った親友記事で、実際に友情の物語を見かける機会は、二〇〇〇年以降のほうが圧倒的に多い。

　杉本が述べるように、「高校野球の選手という役割を演じ、高校生らしく振る舞うことによって、その印象操作をする演技者（パフォーマー）と、それをそれらしく観ようとする観客（オーディエンス）の相互作用によって高校野球は成立している」（杉本 1994: 19）ならば、高校野球を扱った親友記事における友情の物語の増加は、私たちが高校野球から当該の物語を望むようになった結果だと言えよう。

第2章でも確認したように、二〇〇〇年以降の親友記事の趨勢は、フィクションとスポーツ報道が増える一方で、生活関連の報道が減っていた。また、第3章の分析から、投書欄においても、親友との交流の描写が増え、投稿が物語性を帯びてきていることが明らかになった。ここから人びとの友情の物語への希求を読み取ることができる。

スポーツ報道について、その代表である高校野球に絞って検討してみると、二〇〇〇年以降に友情の物語が増えてゆく傾向が明確に現れていた。以上の分析結果から、現代社会は友情の物語を望む時代だと言えよう。

（2）だれが友情の物語を演じているのか

物語の担い手

では、友情の物語はどのように展開されているのだろうか。まず、友情の物語が入っている記事と入っていない記事の、当事者の属性や状況などを比較しよう。表4−1は当事者の社会的属性を友情物語の

＊2　甲子園野球の「物語」の生成過程を探った西原（2013）は、明治期から昭和初期の中等野球において「純真」「青年らしさ」をちりばめた物語が構築されていることを指摘している。

表４－１　当事者の属性

	球児	マネージャー	監督	家族・親族	同級生	元球児	その他	N
描写あり	92.2％	1.7％	2.6％	0.0％	2.6％	0.4％	0.4％	232
なし	62.8％	4.8％	4.8％	2.1％	9.0％	8.0％	8.5％	188
合計	79.0％	3.1％	3.6％	1.0％	5.5％	3.8％	4.0％	420

有無別に確認している。この表の見方は、多少の注意を要する。

親友記事は、親友関係に括られる人が二人いるとして、大抵はどちらか一方の目線を軸に記事が書かれている。**表４－１**は記事で中心的に描かれる当事者の属性をまとめている。たとえば、球児と同級生が親友であった場合に、当該記事が球児の目線から書かれていれば、当事者の社会的属性は「球児」と分類される。しかしながら、当事者二人の社会的属性が異なることはまれであり、ほぼすべてが同じカテゴリーに入っている。

以上の点を頭におきながら、あらためて**表４－１**を見てみよう。すると、高校野球報道における友情の物語は、ほぼすべて球児によって展開されていることがわかる。高校野球の主役がそもそも球児であることに鑑みれば、この事実はそれほど意外ではないのかもしれない。とはいえ、「描写あり」と「なし」の比率に三〇ポイントくらいの差があるのは驚きだ。高校野球報道における友情の物語の九割以上は、球児によって展開されるのに対し、友情物語を含まない高校野球報道で、球児が当事者となる記事は六割強にとどまる。ここから、高校球児が友情の物語という感動のドラマと密接に結びつけられていることがわかる。

表４−２　高校野球報道の内容

	試合	シーズン	その他	N
描写あり	83.6%	15.1%	1.3%	232
なし	51.6%	33.5%	14.9%	188
合計	69.2%	23.3%	7.4%	420

表４−３　高校野球報道の試合結果（試合描写限定）

	勝ち	負け	対戦相手	引き分け	不明	N
描写あり	16.5%	61.9%	21.6%	0.0%	0.0%	194
なし	30.9%	59.8%	6.2%	1.0%	2.1%	97
合計	21.3%	61.2%	16.5%	0.3%	0.7%	291

物語の状況

では、友情の物語はどのような場面で展開されるのだろうか。確認してゆこう。

高校野球の報道は、試合結果を伝えるもの、宿舎や開会式、練習風景など、シーズン中の試合以外の情景を伝えるもの、それ以外のもの（回顧録や著名人のコメントなど）に大別される。**表４−２**は高校野球報道の内容を友情物語の有無別に示している。

これを見ればわかるように、友情の物語の大半は、試合結果を伝える記事から発信されている。そこで、試合結果について、さらに細かく見てゆくと、友情の物語が展開される場面が、よりはっきりとしてくる。

表４−３は、**表４−２**から試合結果を報じた記事のみを取り出し、友情の物語の有無別に試合結果を示している。「対戦相手」というのは、対戦しているチームのプレイヤー同士が親友のケースである。

さて、この表を見ると、①試合結果を報じた親友記事の大半は、負けたチームの視点から結果が報じられていること、②友情の物語についても、その六割以上が負けたチームから発せられていること、③親友関係を対戦相手からとらえた記事では、友情の物語が展開される傾向が強いこと、がわかる。

このうち③については解釈しやすい。親友関係が両チームに分かれる「対戦相手」の記事では、互いに切磋琢磨し合うライバルとして、二人の関係が描かれる。では、①や②で指摘したように、高校野球全般、あるいは、友情物語を含む親友記事において、負けたチームからの視点が多いのはなぜだろうか。

「スポーツにおける負けの語られ方」を分析した宮澤（2018）によれば、日本人は、負けを精神的要素に結びつけるスポーツ観があり、高校野球はその典型であるとのことだ。試合に臨む姿勢、根性、練習内容をたたえがちな敗戦報道は、高校野球との親和性が高く、友情の物語にも結びつけられやすい。

高校野球の敗戦報道には、さらにもう一つ重要な要素がある。高校野球の試合結果を報じた親友記事を大会別に見ると、春の選抜大会を扱ったものはわずか一四試合しかなく、残りの二七七試合は夏の全国大会、または、その予選を扱ったものだ。検索したのが朝日新聞という事情もあるのかもしれないが、夏の大会への傾斜は明白である。ここで注目したいのが、夏の大会における「敗戦」という事実である。

高校三年の球児にとって、夏の大会での敗戦は、長い間続けてきた野球の引退を意味する。その事実は、対戦相手の記事でも同じであり、負けた側のチームは否応なしに引退を突きつけられる。実際のところ、「対戦相手」記事でも、その多くは、敗者の目線から記述されている。

高校野球における「負け」「対戦相手」記事のほぼすべてが高校三年生を対象としている事実に鑑み

ると、球児の試合を軸に展開される親友たちの友情の物語は、その八割以上が彼らの「最後の夏」を扱っていることがわかる。

「最後の夏」という舞台

これまでの分析結果をまとめると、高校野球報道における親友たちの友情の物語は、その九二・二％が球児、八三・六％が試合を軸に展開され、なおかつ、試合の八三・五％は「負け」または「対戦相手」である。ここから、高校野球報道における親友たちの友情の物語は、その多くが球児たちの「最後の夏」の一試合を元に構成されていると言える。[*3] つまり、高校野球における親友たちの友情の物語は、「最後の夏」に対戦するライバルや、「最後の夏」まで苦楽を共にしてきた部員たちが展開する「感動の物語」として仕立て上げられているのである。

図表は省くものの、この傾向に経年的な特徴は見られない。したがって、私たちは、一九八〇年代から、おおよそ似通った友情の物語を高校野球に求めていると言える。図4-1の結果も踏まえると、「最後の夏」をめぐる感動と友情の物語への希求は、近年に向けて格段に高まっていると言えよう。

＊3　属性が「球児」で「負け」または「対戦相手」の試合を扱っており、友情の物語を含む親友記事は、一五一件あり、友情の物語を含む高校野球報道の六五％を占める。

3 友情の物語の内容

では、親友たちの友情の物語は、具体的にどのように展開されているのだろうか。記事内容を分析すると、高校野球報道における友情の物語は、かなり定型的なフォーマットで記述されていることがわかる。本節では、特徴的ないくつかの事例から、高校野球報道における友情の物語の内容を検討してゆこう。

(1)「感動」を誘う物語の構成

まず、全体的な構成について確認し、その後、個別事例について詳細に見てゆこう。親友関係を結ぶ球児たちの友情の物語には、基本となる構成要素がある。表4−4はそのまとめである。まず、各構成要素について簡単に確認しよう。

友情の物語を記した記事は、導入文のあと、まず、親友関係にある二者の立ち位置を明確にする(関係性1)。この二者は、同じ部にいる場合と、他の学校にいる場合がある。他の学校のケースは、両者が対戦相手であることが大半であり、その後、両者のライバルの物語が展開される。一方、同じ部の場合には、同じポジション、バッテリー、主将・副将など多様である。同じポジションの場合は、レギュラーを争うライバルとして、その後の物語が描かれることが多い。

表4-4　友情の物語の構成要素

カテゴリー名			内容
関係性	関係性1	同じ部	同じポジション、バッテリー、主将・副将、その他
		他校	対戦相手、対戦相手以外
	関係性2	以前のチーム	小学校、中学校、ボーイズリーグ、その他
		学校内	同級生、寮生、その他
		居住地	近所、越境、その他
		内容	よく遊ぶ、よく話す、趣味同じ、家族ぐるみ、その他
エピソード	試合外	困難	故障、病気、不調、死
		ライバル性	レギュラー争い、対戦
	試合中		ピンチ、チャンス、対決、勝敗
友情性		支え合い	激励、サポート、切磋琢磨
		思い	思いを託す、思いを背負う
メッセージ			思いを託す、思いを背負う、感謝、謝罪、メッセージ交換

お互いの立ち位置が明確になると、次に、両者の関係性がさらに細かく説明される（関係性2）。これについては、さまざまであり、以前から同じチームにいたこと、同級生、同じ寮の仲間などがある。また、よく遊ぶ、よく話す、趣味が同じ、などつきあいの内容が説明されることも多い。

「エピソード」と「友情性」は、友情の物語の核をなす部分である。エピソードは試合外のものと、試合中のものと二つある。試合外では、親友のどちらか、または、両者が故障や病気などに見舞われる「困難」や、対決が決まった親友同士のエール交換、葛藤、あるいは、同じポジションの部員同士がレギュラーを争う「ライバル性」が描かれる。

試合中のエピソードは、両者の関係性に関連づけられる。たとえば、当事者同士が対戦相手ならば、投手と打者などの直接対決、同じ部のバッテリーならば、ピンチのときの駆けつけ、投手同士ならば、継投策などが描かれる。

友情性は、上述のエピソードと関連する。たとえば、一方が困難に見舞われれば、他方が激励やサポートをつうじ、相手を支える。両者がレギュラーを争うライバルであれば、互いに切磋琢磨しあう様子が描かれる。さらに、どちらかがレギュラーから外れたのであれば、一方が他方に「思いを託す」描写も頻出する。エピソードと友情性のいくつかが絡み合いながら、友情の物語は「感動」を誘うように仕立て上げられてゆく。

「メッセージ」は感動のドラマの総仕上げである。そのため、その多くは、記事の最終盤に登場する。敗戦により「最後の夏」を終えた球児たち、あるいは、「最後の夏」の対決を終えた球児たちが、親友にメッセージを伝えたり、メッセージを交換することで記事は締めくくられる。

そのさい、メッセージに愚痴や非難、文句が登場することは皆無である。これらのメッセージは、さわやかな感動を伝えるドラマの総仕上げの役割を果たしている。メッセージは、記事の冒頭にくることもあるものの、その多くはドラマの総仕上げとして使われる。

（2）ライバルたちの物語1：親友との対決

それでは、いよいよ、具体的に事例を見てゆこう。以下の各項では、「ライバルの物語1：親友との対決」、「ライバルの物語2：同じポジションの争い」、「支え合う友人たち」、「引き継がれる思い」の事例を検討してゆく。この四つは、高校野球報道における友情の物語でも、とくに頻出する描写である。

表4－5　友情の物語の加工方法

カテゴリー		表示方法	表記例
関係性	関係性1	四角囲い	あいうえお
	関係性2	四角囲い・太字	**あいうえお**
エピソード	試合外	傍線	あいうえお
	試合中	傍線・太字	**あいうえお**
友情性		二重傍線	あいうえお
メッセージ		アミ掛け	あいうえお

それぞれの事例については、表4－4のカテゴリーに対応するように、記事中の該当箇所を、表4－5で示すように加工した。

まず、「ライバルの物語1：親友との対決」の記事である。[*4]「親友との対決」記事は、文字通り、対戦相手に分かれた親友同士の対決を軸に、ライバルの物語が展開される。以下、事例を見てみよう。

石巻商	003	000	102	―6
石巻	411	002	00×	―8

◇小・中学の友、健闘たたえあう　石巻対決（2003夏）

石巻商―石巻の試合後のあいさつが終わると、両校の捕手で主将をつとめる石巻商のS君**と**石巻のM君**が抱き合った。「ありがとう」。全力で戦った相手への感謝の言葉。2人が親友に戻った瞬間だった。**

2人は小学校から同じチームで野球をしてきた仲間だった。ともに飯野川中に進み、S君は遊撃手、M君は捕手として活躍した。

高校に進んでも、携帯電話でメールのやり取りをしたり、お互いの家に遊び

に行ったり。ともに野球部の主将になってからは、どうチームをまとめていくかを話し合うこともあった。

今年に入ってS君が腰の故障で練習できなかった時期、一番の相談相手はM君だった。

6月下旬にあった宮城大会の抽選会でも、2人は隣の席に座った。石巻が1回戦に勝てば石巻商と対戦することが決まった。「勝負だな」。2人はそう言葉を交わし、その日から連絡を絶った。無二の親友が倒すべき敵に変わった。

4点リードされた9回、S君は「この試合を終わらせたくない」という一心で打席に入り、三塁への内野安打で好機を広げた。すべてを知り尽くしたM君との対戦。小細工なしで思いっきりプレーすることが何よりもうれしかった。

石巻商はベスト4突破をめざしていた。S君は「この目標は石巻が果たしてくれるはずです」と力を込める。S君の思いを胸に、M君は20日、泉館山戦に臨む。（二〇〇三年七月一七日　朝刊）

記事では、試合終了直後を導入として、「両校の捕手で主将をつとめる」と、対戦相手であるS君とM君を紹介している（関係性1）。その後、二人の関係性について、小学校から同じチームであること、高校に入っても互いに遊びに行くこと、など詳細に紹介されている（関係性2）。

関係の紹介が一通り終わると中核となるエピソードに入る。まず、S君が腰を故障し困難に見舞われる。そのさい、M君は「一番の相談相手」としてS君を支える。その後、描写は対決前の風景に移り変わり、「無二の親友が倒すべき敵に変わった」と、二人の対決を盛り上げてゆく。

場面が整ったところで試合の描写に再度戻り、「小細工なしで思いっきり」楽しむS君の姿が描かれる。試合終了については、冒頭にすでに記されているので、ここからクライマックスとしての両者のメッセージ交換にうつる。

敗れたS君は敗戦の悔しさも漂わせず、M君に思いを託し、潔く高校野球の舞台を去る。一方の、M君は「S君の思いを胸に」次戦に臨んでゆく。かくして、全力をぶつけ合った親友同士のさわやかな対戦ドラマは終了する。

（3）ライバルの物語2：同じポジションの争い

次に、同じチームにいながらもポジションが同じため、レギュラーを争うライバルとなった物語を見てみよう。

長浜北	000	032	100	―6
草津東	001	000	000	―1

◆ライバルの背、追い続けて　草津東・M君（夏一直線）

＊4　名前はすべて実名が記載されていたが、匿名性に配慮してアルファベットに改めた。

一回、中堅の守りについた草津東三年M君**は、**先発Y君（三年）**の背中を見つめた。気合が入っている。打たれる感じはまったくない。帽子をかぶり直し、気持ちを入れ直した。「Y、絶対に守ってやるぞ」**

M君は中学時代からエースとして活躍し、背番号「1」をつけることを夢見て高校に入った。入学前の春休み、Y君に出会った。並んで投球練習をすると、すごいスピードのボールが横をかすめていく。「速い……」。驚いた。

はじめは対抗意識が先行した。負けずに速い球を投げようとムキになり、自分を見失いそうになる。一方でY君は着実に力をつけ、「県内屈指の好左腕」と騒がれるようになった。

「自分には自分の持ち味がある」。そう割り切れるようになったのは昨秋ごろからだ。「Yを中心に、甲子園へ」。チームがひとつに固まっていく中、M君は緩急を駆使した投球で「Yを助ける投手に」と心に決めた。

それ以来、中堅にいてもY君の調子をじっと見つめる。悪そうならばいつでも行く準備をする。「夏は連投。自分が助けなければ甲子園には行けない」。最後の夏を前に、自分の役割をしっかり自覚した。

1回戦でY君は九回を投げ抜いた。二十三日の対八日市戦では、翌日の3回戦を控えてY君を温存。先発投手にM君が起用された。だが、被安打8、9失点と調子が悪く、二回途中で降板。Y君がマウンドに上がり、延長の末に辛勝した。

この日、Y君は前半から連続三振を三回奪うなど力を発揮したが、中盤以降は疲れが出て長浜北打線につかまった。試合後、M君は「前の試合でYを助けられなかったのが敗因」とY君を気遣った。

Y君を追い続けた三年間。最後まで追い越せなかったが、「Yがいたから頑張れた。あいつは一生のライバル、それ以上にかけがえのない親友。出会えてよかった」と振り絞るように話し、あとは声にならなかった。（二〇〇〇年七月二五日　朝刊）

同じポジションのライバルについては、エースと控え投手の関係を描いた記述が最も多い。そこで、事例にも投手同士の友情の物語を掲載した。

友情の物語の導入部は、試合中もしくは試合直後の描写から入ることが多い。前項（2）の事例、本事例いずれも、試合の描写から物語に入っている。その中で、物語の主人公たる二人の名前のみが紹介されている（関係性1）。

次の段落では、M君とY君の出会いが描かれている。この部分を読むと、「先発Y君」とM君は、エースナンバーである背番号1を目指したライバルであったことがわかる（関係性2）。

引き続き、二人の試合外のエピソードに移り、当初M君は、Y君を意識して練習に励んできたことが明かされる。しかしながら、実力差はいかんともしがたく、M君は潔く「Yを助ける投手に」なることを決意する。それ以降M君はY君の様子に目を配るようになる（友情性）。

その後、舞台は試合の場面に移る。しかし、連投の疲労からY君は打ち込まれ敗れ去ってしまう。この結果を受けてM君は、「Yを助けられなかったのが敗因」と自らを責め、Y君のことを気遣う。続いて、M君はY君に感謝のメッセージを発し、最後の夏の友情の物語は締めくくられる。

（4）支え合う友人たち

次は、ライバルではなく、同じ部内で目標に向かって支え合いながら切磋琢磨する親友の事例である。

大阪偕星	202	004	100	—9
九州国際大付	004	040	101	—10

■控え捕手と歩み成長　M投手

いつものようにベンチにいるあいつの顔を見た。やっぱり勇気が湧いた。

同点で迎えた九回裏、マウンドのエースM（3年）**は1死三塁と追い詰められていた。バッテリーエラーも犠飛も許されず、スクイズ警戒も必要だ。「正念場やな」。心を落ち着けようと、緩んだ靴ひもを結び直した。「緩みに気付けるだけまだ余裕があるな」。ベンチに目をやり、**控え捕手のI（3年）**を探した。試合で苦しくなると、いつもIの顔を見て安心した。**

「M、気持ちやぞ」。Iの大きな声が耳に入った。人さし指を立てて「1アウト」を示すと、Iが大きくうなずいた。「悔いは残したくない。一番自信がある球で勝負しよう」と決めた。フルカウントからの6球目。渾身（こんしん）の直球は中前にはじき返され、サヨナラ負けを喫した。

2人は同じ東大阪市立長瀬中学出身で、少年野球のチームは違ったが、学校で一緒に朝練をしたこともあった。黙々と走り込むストイックなMにひかれたIは「いつかこいつとバッテリーが組みたい」と強く思った。

だが、Mは高校の進学先が希望通りにならなかったこともあり、中3の途中で「もう野球はしない」とボクシングジムに通い始めた。Iは「お前には野球の素質がある。もったいない」と何度も説得し、一緒に大阪偕星に入った。

Iの期待通り、Mは1年夏からベンチ入りし、エースに成長していく。一方のIは2年秋にベンチ入りしたが、3年春はベンチを外れた。落ち込むIを「夏は絶対に入れるから」とMが励まし、迎えた最後の夏にIは再びベンチ入りを果たした。試合前のブルペンでMの球を受け、「やっぱ最高の球やな」と試合に送り出した。

そして、たどり着いた甲子園。この日は九州国際大付の強力打線に苦しんだ。中軸に対して果敢に内角を攻めたが、勝負球が甘く入った。3本塁打などで10失点。六回表には打線が奮起して4点差を追いつき、七回表にはリードを奪ったが、守り切れなかった。

M、Iの二人三脚の挑戦は終わった。「Mがいたからつらいことも乗り越えられた」という親友の言葉に、「一緒に野球が出来たことが僕の誇り。高校野球に少しの悔いもない」。2人に涙はなかった。（二〇一五年八月一四日　朝刊）

この記事も、前の二つの記事と同様に、試合中の描写から入り、そこで、記事の主人公たる二人を紹介している（関係性1）。試合の描写はしばらく続き、二人のいるチームがサヨナラ負けしたことがわかる。

その後、場面は変わり、二人の出会いの経緯など、二人の関係性の詳細が明かされる（関係性2）。それを受けて、IはMにひかれ、Mと「バッテリーが組みたい」と思っていたこと、一方、Mは野球を辞めようと思っていたことが明かされる（エピソード）。そこで、MはIに対する懸命の説得を試み、二人の高校野球生活が始まる（友情性）。

しかし、順調な野球生活を送るMに対し、Iは春には「ベンチを外れ」てしまう（エピソード）。そこで、今度はIがMを励まし（友情性）、「最後の夏」にIは「ベンチ入り」を果たす。

ここから場面は、再度試合に戻り、健闘したものの敗戦し、「M、Iの二人三脚の挑戦は終わった」ことが示される。これを受けて最後に、MとIのメッセージが提示される。IはMに率直に感謝し、MはIと野球ができたことを「誇り」に感じ、「悔い」はない、とさわやかに物語は締めくくられる。

（5）引き継がれる思い

最後に「引き継がれる思い」の物語である。この物語は、故障、病気、不調などにより試合の場に立てなくなった球児と、彼らの高校野球への思いを背負い、試合に臨む球児を主人公に展開される。以下、事例である。

総社南	000	100	201	—4
岡山理大付	031	000	12×	—7

■親友の手袋はめ、全力プレー　総社南3年・A君とT君（夏輝く）

「野球ができないあいつの分まで」。総社南の二塁手、A君（3年）はその思いで、**昨春から「一番の親友」の打撃用手袋をはめ続けている**。

元の持ち主は同級生のT君。**入学時から同じポジションで競ってきた**。しかし昨年3月。T君は通学途中に尾てい骨を痛めた。長年の蓄積疲労が原因だった。長い距離を走ることができなくなり、選手の道をあきらめた。

「プレーヤーとしてやりたいと何度思ったか」と語るT君。悔しくて泣いたこともある。しかし、その思いをこらえ、マネジャーとしてチームに貢献しようと決意した。

葛藤する親友の姿を間近で見てきたA君は、T君が使っていた手袋を受け継ぎ、毎試合身につけてプレーしてきた。使っていくたびに穴があき、すでにぼろぼろだが、それでも使い続ける。手袋に入っている「T」の刺繍（ししゅう）の文字をみると、「あいつと一緒に戦っている」と気が引き締まる。

この日もその手袋で打席へ。2打席凡退に終わった後の7回無死一塁。「思い切って振れた」という強い打球が相手の野選を誘い、出塁。その後、3点目のホームを踏んだ。

スタンドのT君は「最高にうれしかった」と歓声をあげた。

4－7で敗れた試合後、A君は「Tの分も勝ちたかった。あいつを甲子園に連れて行ってやりたかった」と肩を震わせ、号泣した。（二〇一四年七月二一日　朝刊）

この記事は、試合中の描写から入っているものの、今までとやや趣が異なる。「一番の親友」の打撃用手袋をはめ続けている」という描写から試合中であることを提示すると同時に、試合に出ているA君と試合に出られない親友という両者の関係性も説明している（関係性1）。その直後に、「元の持ち主」であるT君が紹介され、彼が同じポジションを競ってきたライバルであることも明記される（関係性2）。その後、T君が故障により選手の道をあきらめたこと、その間の悔しさや葛藤を乗り越え、「チームに貢献」する道を選んだエピソードが紹介される。これを受けて、親友であるA君は、「T君が使っていた手袋を受け継ぎ」、手袋をつうじて「あいつと一緒に戦っている」という思いを抱く（友情性）。一方のT君は、試合で活躍するA君を見て、「最高にうれしかった」と喜びの声を上げる。

しかし、A君の奮闘もむなしく相手に敗れ、A君は、「Tの分も勝ちたかった。」と無念のメッセージを発する。このように、思いを託す側、思いを背負う側が共鳴して、「引き継がれる思い」の物語はつくられる。

4 友情の物語を振り返って

前節では、友情の物語の典型と言える事例をいくつかみてきた。では、これらの物語は、私たちの社会の何を映し出しているのだろうか。本節では、第1節から第3節までの分析結果を振り返り、高校野球報道における友情の物語の社会的意味について検討しよう。

図4－2　友情の物語を含む高校野球報道の数

（1）友情物語の希求

第3節で取り上げた事例に限らず、親友同士の球児が展開する友情の物語は、ほぼ同じフォーマットを用いて描かれる。すなわち、導入部では、試合の描写が使われ、主人公の二人が紹介される。次に、両者の関係性について、もう少し詳しく述べられ、それを受けて、いくつかのエピソードと友情性を交えた物語が紹介される。それが終わると、再度、試合に戻り、最後にメッセージで締めくくる。

提示される情報の順序や長さは、それぞれに異なるものの、その構成は一九九〇年代初めから驚くほど似通っている。[*5] 変わったのは、私たちが新聞紙面をつうじて、球児・親友たちの友情の物語を見る機会が格段に増えたことである。第1節、第2節で、私たちは近年に近づくほど、「最後の夏」を題材とした球児たちの親友の物語に触れる機会が増したことを指摘した。

＊5　一九九〇年代初めの事例については、補遺2を参照されたい。

図4―1は、高校野球を扱った親友記事に、友情物語が含まれる比率を示しているが、実際の記事数の推移を見ても、その増加は明らかである（図4―2）。二〇一五年は単年度なので割愛しているものの、図4―1の比率以上に急激な右肩上がりの傾向を示すことがわかる。では、そこにどのような社会的意味づけを見いだせるのだろうか。次項で検討してみよう。

（2）高校野球・「無菌化された友情」の物語

球児・親友たちの友情の物語は、その画一性の高さだけでなく、もう一つ重要な特徴をもつ。それは、批判、愚痴、ねたみ、利己性、あきらめ、放棄など人間の悪しき部分が徹底的に捨象されていることである。

ライバルであっても互いに励まし合い、かりに、自らが試合の敗者になっても、ためらうことなく勝者を称え、応援する側に回る。事例でも、親友対決に敗れたS君は敗戦にうなだれることなく、互いの健闘を称え、勝者であるM君に思いを託す。ポジション争いに敗れたM君や故障したT君は、サポート役や応援役に徹する。

親友が窮地に陥った時には、否応なしに駆けつけ、惜しみない支援を与える。第三の事例であるMとIは互いに支え合い、切磋琢磨し、甲子園で躍動する。そこに利己的・打算的な態度は見られない。いずれの球児も、試合が終われば、率直、かつ、さわやかなメッセージのやりとりを行う。

このように見てくると、球児・親友たちの友情の物語は、人間性のなかから暗い部分を抽出・除菌した、「無菌化された友情」の物語であることがわかる。

翻って現代社会を振り返ると、私たちの友人関係は、「無菌化された友情」の世界とほど遠い状態にある。人びとは、前景化し、つながりやすくなった友人との距離感に悩み、友人に対して複雑な思いを抱えるようになった。友人との接触は保ちたいものの、友人との時間にそれほど犠牲を払いたくなく、友人といるよりも一人でいるほうが落ち着くと考える。友人には嘘をつかないよう生真面目に接しているものの、友人と対立しそうな意見を心のなかに封じ込める。安心を提供してくれるはずの友人関係は、ときに「地獄」のように感じられてしまう。

このような友人関係は、球児たちが紙面上で展開する、「無菌化された友情」とおおよそ対照的なものである。彼らは、少なくとも紙面上では、率直に思いを交換し、互いに支え合い、切磋琢磨しながら、安定的な友人関係を過ごしている。純真、さわやか、無垢な高校球児のイメージは、「無菌化された友情」の主役としてうってつけなのである。

(3) 拡がる「無菌化された友情」

ところで、「無菌化された友情」の主役は、高校球児だけにとどまらない。第3章の投書欄の分析では、投書欄においても、二〇〇〇年代以降、親友との交流の物語が増えてきたことを明らかにした。また、交流の描写の中心は、喪失体験、困難の克服、重要さの表明であった。このうち、困難の克服、および、重要さの表明の記述は、高校球児たちの展開する友情の物語とかなり似通っている。

これらの記事は、互いに、フォーマットこそ違えども、いずれも人間の悪しき部分を極力除いた「無菌化された友情」をベースに話が進められている。第3章でみたように、困難の克服では、欲得なく投稿者のために尽くす親友の姿が描かれ、重要さを綴った投稿では、親友が投稿者にとっていかに重要な存在であるか率直に語られている。

高校球児や投書欄への投稿者などの、いわゆる「ふつうの人びと」によって展開される「無菌化された友情」の増加は、私たちの現状の友人関係への不満・不安、および、「理想」の友人関係へのあこがれを投影している。私たちは、高校野球という無垢な幻想をまとったイベントをつうじて、あるいは投書欄に投稿された友情の物語を通して、「無菌化された友情」を消費しつつ、現状に希望を見出しているのである。

第5章

悩みの種としての親友

読売新聞『人生案内』からみる親友

1　悩み相談のなかでの親友

ここまで各論として、投書欄の分析から、日常の生活場面において、どのように親友が描かれているのか、高校野球という特殊な場において、友情の物語がどのように描かれてきたのか分析・検討してきた。そこで分析対象となったのは、友人関係のなかでも比較的明るい側面であった。投書欄の分析では、困難克服の支え手として、または、重要な存在としての親友の姿に焦点があてられ、高校野球報道では、さわやかな友情の物語に焦点があてられた。

本章は、ここまでの分析と一線を画し、友人（親友）関係の負の側面に焦点をあてる。具体的には、新聞の悩み相談のコーナーを分析対象とし、そこに登場する親友の描写について研究してゆく。素材にしたのは、読売新聞の悩み相談コーナー『人生案内』である。『人生案内』は、一九一四年開始の「身の上相談」に起源をもつ読売新聞の人気記事である（読売新聞生活部 2015）。読者から幅広く相談を募り、読売新聞から選ばれた有識者がそれに回答する形式をとる。現在は、朝刊の生活面に一日一件、相談と回答を掲載している。

記事の抽出には、読売新聞の記事検索データベース『ヨミダス文書館』を用いた。そのさい、まず、「親友」および「人生案内」という言葉を含む記事を検索し、分析対象候補の記事を抽出した。次に、当該記事が『人生案内』のものであることを内容から確認し、分析対象を確定した。検索対象年は一九八六年から二〇一八年である。

この期間に、『人生案内』として検出された記事は一万二三六三件であり、そのうち親友記事は一九一件（一・五四％）であった。本章では、この一九一件のうち、記事内容の全文が表示される一六九件を分析対象とした。[*1] 以下では、まず、記事の全体的な推移を確認してから、より詳しい内容、社会的な趨勢について分析してゆこう。

2 全般的な傾向

(1) 親友記事の増減

まず、『人生案内』に占める親友記事の比率の推移を確認しよう。図5−1である。

この図を見ればわかるように、『人生案内』に占める親友記事の比率の推移には、規則だった傾向は見られない。年次間での上下動がかなり激しく、右肩上がりなどの傾向も見出せない。したがって、悩み相談のコーナーにおいて、経年的に親友記事が増える・減るといった現象は見られないと言えよう。

さて、投書欄や高校野球報道の分析のさいにも述べたように、親友記事のすべてに親友や友人との交流が描かれているわけではない。この点は、『人生案内』も同様であり、「親友」という言葉が含まれる

＊1　記事検索データベースでは、著作権などの問題で、記事内容が掲載されないケースがある。こうした記事は分析不可能なため、分析対象から除いた。

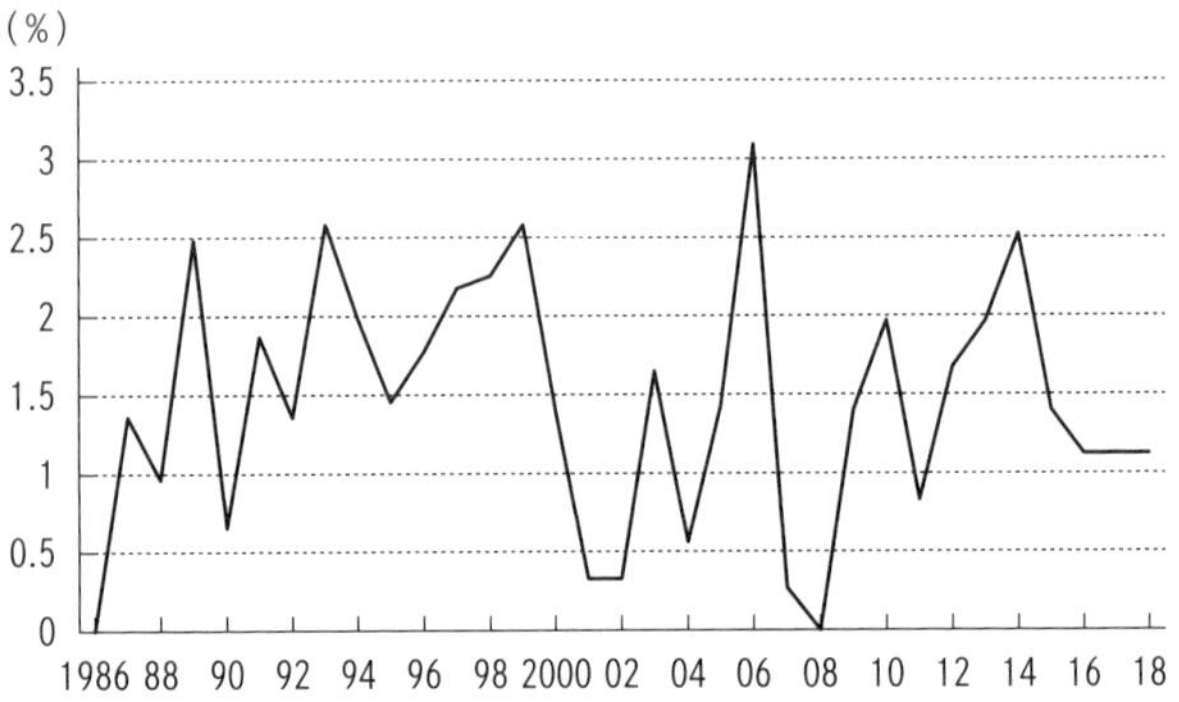

図5－1　『人生案内』に占める親友記事の比率

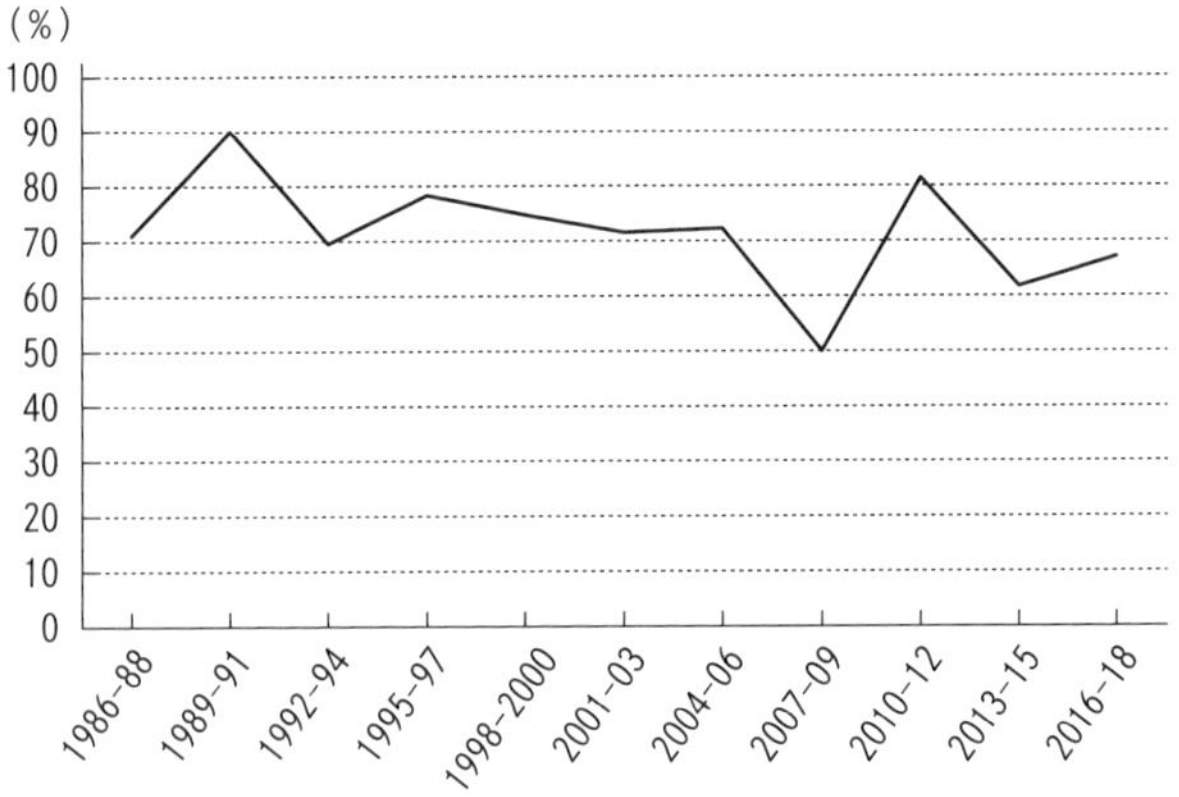

図5－2　親友や友人関係の問題を対象とした記事の比率

からといって、親友や友人関係にかんする問題が記されているわけではない。たとえば、夫が浮気相手を「異性の親友」と言い張る、といった相談もある。この場合、相談の内容は夫の浮気であり、親友・友人関係ではない。

このような記事を除くと、一六九件中一二四件（七三・四％）が親友や友人との関係に言及している。図5－2は、『人生案内』の親友記事において、親友や友人関係の問題を対象とした記事が、各年次どのていど含まれたのか示している。

この図を見ると、親友・友人にかんする問題を対象とした相談の出現率は、やや減少傾向にあるものの、かなり安定していることがわかる。その点は、第4章で見た高校野球報道における、友情の物語の推移とかなり異なる。

『人生案内』の掲載本数は、一日一件と決まっているため、各年で記事の総量はそう変わらない。したがって、親友・友人にかんする問題を対象とした記事の本数も、出現率と同様に、三〇年をとおしてほぼ変わらないと言える。この結果は、これまでの分析結果と矛盾しているように見える。

第1章から第4章までの分析から、私たちは、前景化する友人関係のなかで、それをややもてあまし、そこから生じる不満、不安を温かい友情物語により補っていると考えられた。この見解にしたがうならば、近年に近づくほど、友人・親友関係の悩みは、増してゆくように思われる。しかし、相談件数の推移は、そのようにはなっていない。本章の後半では、その点を考慮に入れつつ分析をしてゆこう。

表5−1　相談者の属性（N＝124）

性別	男性	7.3	社会的属性	小中高	27.4
	女性	92.7		専門、短大、大学	10.5
年代	10代まで	33.1		就労	20.2
	20代	22.6		主婦、無職	33.9
	30代	28.2		不詳	8.1
	40代	8.1	発した人	相談者	42.7
	50代	3.2		回答者	28.2
	60歳以上	4		両方	25
	不詳	0.8		見出し	4

（2）全般的傾向

次に、親友や友人との関係に言及した相談が、どのような人から発せられているのか確認しておこう。

表5−1は、『人生案内』に親友・友人関係について投稿した人の性別、年代、社会的属性と「親友」という言葉を使った話者をまとめている。社会的属性の「就労」のカテゴリーには、会社員、OL、アルバイト、公務員、団体職員と回答した人が入っている。

さて、この図を見ると、相談者に一定の偏りが見られることがわかる。とくに偏りが大きいのが、性別と年代である。性別については、九〇%以上が女性であり、年代は三〇代までで八〇%以上を占める。男性はあまり悩みを相談しないこと[*2]、友人関係の問題は、若年層で生じがちなことを考慮すれば、納得できる結果であるものの、性別の偏りは衝撃的である。悩みの相談をしないという男性の特徴のみならず、友人との距離感を気にしがちな女性の特徴も表れているのだろう。

社会的属性については、女性、および、若年層が多いという結果を反映してか、児童・生徒・学生と主婦、無職が多い。

「発した人」とは、記事内で「親友」という言葉を使った人である。記事の多くでは、相談者が「親友」という言葉を使っている（相談者のみと相談者・回答者両方をあわせると六七・七％）。

3 相談の内容

（1）三つの分類

それでは、いよいよ、親友・友人にかんする悩みの相談内容について、詳しく分析してゆこう。『人生案内』の親友・友人にかんする相談は、**表5–2**のとおり大きく三つに分けられる。以下、順に説明しよう。

関係不全

第一の「関係不全」は、友人関係・人間関係全般にかんする相談である。具体的には、親友ができない、友人ができない、人との距離感がわからない、人づきあいそのものがうまくできない、といった関係そのものへの不全性への相談である。相談のていどは、軽いものから重いものまであるものの、精神疾患にかかわるような比較的に深刻なものが多い。以下、具体例をひとつあげておこう。

＊2　性別と悩みの相談については、伊藤（1996）、石田（2011）を、年代と友人関係については、友人関係を発達課題からとらえた一連の研究（岡田 2007；松下・吉田 2007；須藤 2010）を参照されたい。

表５－２　相談内容の類型

項目	内容
関係不全	親友（友人）がいない（できない） 人づきあいそのものがうまくいかない 人との接し方（距離感）がわからない
喪失	親友（友人）との関係を失ってしまってつらい 失われた（損なわれた）親友（友人）との関係を回復したい
接し方	親友に問題があるものの、関係をどう継続すればよいか悩む 親友に問題があり、関係を切断したいがどうすればよいか 親友がいるものの、悪しき方向に向かう自己をなんとかしたい

十五歳、中三の女子。家族を含む人間関係に悩んでいます。

私は少し太り気味です。やせている母は、私のことを「デブ、野ブタ、あんたなんかと一緒に歩きたくないわ」と言います。父や妹も一緒になって言います。最初は冗談かと思っていたのですが、毎日のことなので頭にきて、言い返したところ、三人してかかってくるのです。私がやせればいいと思って半年前に六キロほどやせたら生理が止まってしまいました。

いまの学校は母の薦めで入ったのですが、どうも私には合わないようで、いまだに**親友**ができず、イヤな人ばかり増えていくみたい。進学率もよくなく、違う学校に行っている妹に「お姉ちゃんの学校と一緒にしないでよ」と言われ、傷つきました。

私の夢は弁護士になることですが、いまの学校では無理かも、と心配です。

暗い気分を晴らそうとテニスクラブなどへ行っていますが、そこでも周りの人と打ち解けられず、「浮いた人」になってしまいます。いまでは対人恐怖症になりそうで怖い感じ。こんな私にアドバイスをお願いします。（千葉・T子）（一九八八年一二月二日　朝刊）

この事例は、相談内容に家族関係も含まれているものの、人間関係全般がうまくいかず、「いまだに親友ができ」ないこと、「対人恐怖症になりそう」なことが記されている。このように、関係不全の相談は切実なものが多い。

喪失

第二の「喪失」は、特定の親友または友人との関係を喪失してしまったつらさ、あるいは、喪失してしまいそうな不安についての相談である。「喪失」のケースは、「関係不全」と似通っているのだが、特定の親友または友人を対象としている点で、前者と異なる。まず、具体例を見てから簡単に説明しよう。

◆クラブでからまれ、親友ともけんか◆

中学二年の女子。先日、クラブ活動の後、前から仲の悪かった子に「なんでクラブに来るん」「服装が乱れてる」と大声でからまれ、うまく言い返せなくて泣いてしまいました。周囲の友達がかばってくれましたが、クラブに行くのが怖くてたまりません。

また、ささいなことで**親友**とけんかをしてしまい、謝りましたが、それ以来私の顔を見ず、廊下で会っても無視されます。交換日記も向こうで止められています。なんだかみんなと仲良くいきません。

クラスの友達とはうまくいっているのですが、もうすぐ三年でクラス替え、クラブのあの子と一緒になるかも、と思うと怖くてたまりません。

今の状態では学校に行くのも嫌になります。**親友**とはどうすれば仲直りできますか。親には心配かけたくありません。私には友情運がないのでしょうか。（大阪府・T子）（一九九七年二月一一日　朝刊）

上のケースは、クラブ活動の人たちとの不仲、および、親友とのけんかによる関係喪失の危機についての相談である。先に記したように、関係不全と記述そのものは似ているが、より具体的な人びととの関係の動揺および回復についての相談である。

喪失の相談は、上述のようにかなり切実感のあるものから、年を重ね「学生時代に大切に思っていた親友たちと疎遠になって」（二〇一三年一月一日　朝刊）寂しいといったものまで多様である。また、親友が亡くなってそのショックから抜けられないといった相談もある。タイプは色々あれども、固有の関係を失ったことによるショックからの回復、または、関係そのものの回復についての相談がなされている。

接し方

最後の「接し方」は、現在、親友または友人関係にある他者との接し方についての相談である。たとえば以下のケースである。

◆2人の**親友**に裏切られた30代主婦

三十代の主婦。**親友**と呼べる友人が二人います。先日、私の娘が手術をした時にも、二人は心から心配し、励ましてくれました。

　ところが術後一か月ほどして、二人からショックなことを聞きました。娘の手術の日にお互いの休みが偶然重なり、二家族で飲み会をしたというのです。口では娘を心配してくれているように言っていただけに裏切られた気分でした。

　それ以来、こちらから二人に連絡しなくなりました。時折、先方から電話があり、二人で美容院や映画に行ったと、楽しそうに報告してくれます。本当は私も誘ってほしいのですが、自分から言い出せず、黙って聞いているだけです。

　本当の**親友**だと思っていただけに、彼女たちの行動がひっかかり、悩みを相談することもできなくなりました。二人とどう付き合えばいいのでしょうか。（兵庫・A子）（二〇〇三年二月一七日　朝刊）

　この事例で相談者は、娘の手術日に飲み会をした「親友と呼べる友人」との接し方について尋ねている。このように、接し方の記事は、さきの二つのカテゴリーと違い、かなりわかりやすい問題・事件が発生した後に、親友や友人との関係の処し方について相談するものが大半である。事件じたいは、上司との不倫、贈り物への返礼、お金の貸し借りなど多様である。

　また、接し方の記事には、親友（友人）が問題を起こしたものの、相談者は関係の継続を望むケースと、望まないケース[*3]がある。しかしながら、継続にせよ、切断にせよ、固有の親友・友人との関係の処し方を尋ねていることは変わらない。また、やや特殊な事例として、親友は特段問題を起こしていないものの、当該の親友に嫉妬心を抱いて困る、という自己の処し方にかんする相談も、わずかではあるが存在する。

(2) 相談内容別の分布

では、相談内容別の分布はどうなっているのだろうか。図5－3は相談内容別の分布を棒グラフで示している。数値は%である。『人生案内』の親友・友人にかんする相談内容で最も多いのが、関係不全であり、全体の四五%くらいを占める。次いで多いのが、接し方であり、四〇%弱となっている。喪失については二〇%未満であり、他の二つのカテゴリーにくらべやや少ない。ここから、『人生案内』に寄せられる親友・友人にかんする相談は、関係不全と接し方に大別されることがわかる。

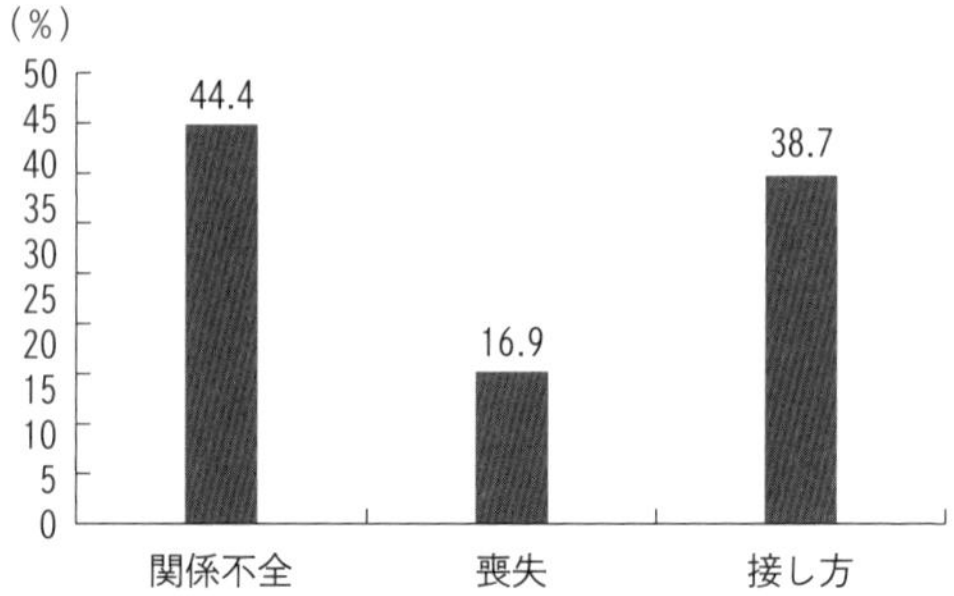

図5－3　相談内容別の分布

接し方相談については、関係の継続を望むケース、関係の切断を望むケース、自己に問題性を見出すケースに分けると、それぞれ、二四件、一五件、九件となっている。つまり、接し方相談の半数は、問題を起こした親友と関係を継続する方策について尋ねているのである。

＊3　望まないケースについては、以下の事例を参照されたい。

◆しつこく「**親友**だよね」が苦痛

30歳代主婦。子どもが2人います。付き合いをやめたい友人から結婚式の招待状が届きました。

彼女は高校時代からの友人で、卒業後も食事や旅行を共にしてきました。

しかし彼女がしつこく「私たち**親友**だよね。変わらない**親友**でいようね」と言うのが苦手でした。私の近況をすべて知っていなければ気が済まず、質問攻め。私のバッグや財布を断りもなく開けます。家に招いた際、授乳中に「私にも胸を見せてくれる?」と、のぞいてきたこともあります。

彼女と付き合うのがだんだん苦痛になりました。こちらから連絡するのをやめ、メールアドレスも変えましたが、私の誕生日に巨大な花束が届きました。「どんなことがあっても**親友**だから」というメッセージが添えられていました。

そして先日また、結婚式の招待状が送られてきたのです。他人の幸せを素直に喜べない自分がいやになりますが、彼女とはかかわりたくないのです。どうしたらいいかわかりません。（大阪・B子）（二〇〇七年一一月三日　朝刊）

このケースでは、投稿者の「かかわりたくない」意向を察することなく「親友だよね」と言い寄ってくる友人とのつきあい方について相談されている。

4 記事内容の変化

❖二〇〇〇年近辺を境に

（1）関係不全から接し方へ

ここまで、基礎的なデータを確認してきた。そこで次に、いよいよ、本題である記事内容の変化を分析しよう。結論を先取りして言えば、相談記事においても、二〇〇〇年近辺を境とした明確な変化を読み取ることができた。この点を明らかにするために、まず、相談内容の経年変化を見てみよう（図5−4、表5−3）。

図5−4、表5−3は、各年において、関係不全、喪失、接し方の相談がどのていどあるのか、比率によって示している。この図表を見ると、二〇〇〇年代前半を境に、関係不全から接し方へと相談内容が変化したことが明らかである。一九八〇年代後半は、関係不全が相談内容の大半（八四・六％）を占めていた。しかし、その後、関係不全にかんする相談は徐々に減ってゆく。とはいえ、二〇〇〇年代前半まで、関係不全は、相談の半数を占めていた。しかし、それ以降、その比率は、三〇％ていどにとどまり、直近の二〇一五年から一八年では一〇％にまで低下する。

一方、接し方は、一九八〇年代後半は、一〇％に満たないものの、それから徐々に増えてゆき、二〇〇〇年代後半には半数を占めるようになる。その後も、増加傾向は変わらず、直近の二〇一五年から一

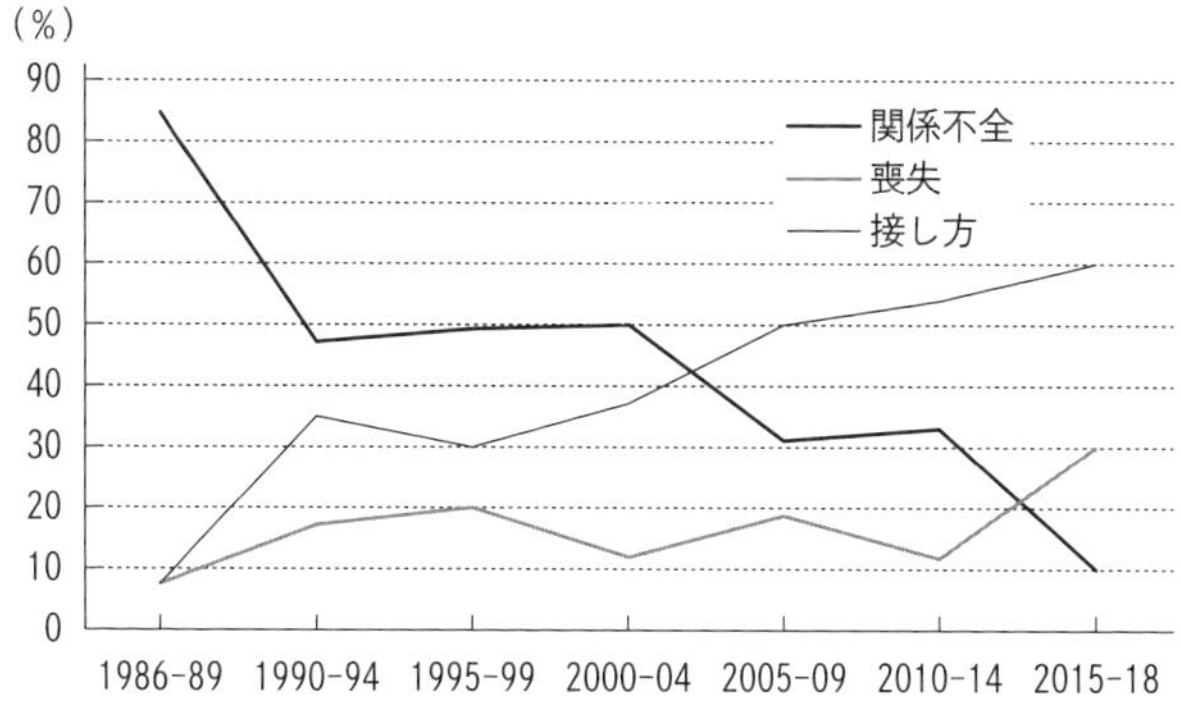

図５－４　相談内容の比率の推移

表５－３　相談内容の比率の推移

	関係不全	喪失	接し方	N
1986-89	84.6%	7.7%	7.7%	13
1990-94	47.8%	17.4%	34.8%	23
1995-99	50.0%	20.0%	30.0%	30
2000-04	50.0%	12.5%	37.5%	8
2005-09	31.3%	18.8%	50.0%	16
2010-14	33.3%	12.5%	54.2%	24
2015-18	10.0%	30.0%	60.0%	10

表５－４　2000年前後で区切った相談内容の比率

	関係不全	喪失	接し方	N
1999年以前	56.1%	16.7%	27.3%	66
2000年以降	31.0%	17.2%	51.7%	58

八年では六〇%に達する。喪失については、それほど大きな変化はないものの、直近の二〇一五年から一八年のみ三〇%とやや増えている。

ここから、親友・友人にかんする悩みの相談については、件数じたいはそれほど変わらないものの、その内容には大きな変化があったと言える。すなわち、遅くとも二〇〇〇年代半ばを境に、[*4] 関係不全を中心としたものから、接し方を中心としたものに変わったのである。

この点をもう少しわかりやすく提示するために、一九九九年以前と二〇〇〇年以降に区切った表も掲載しておこう(表5−4)。これを見ると、関係不全と接し方の比率がほぼ反転していることがわかる。

(2) 若年・中高生から多世代・多様化へ

では、この変化に、どのような社会的意味合いが含まれるのだろうか。この点を確認するため、やや遠回りになるが、関連するデータをいくつか提示しよう。

二〇〇〇年あたりを起点に分析すると、投稿内容に加え、もう一つ重要な変化が見られる。投稿者の属性の変化である。**表5−5、5−6**は、投稿者の年代および社会的属性について、一九九九年以前と二〇〇〇年以降に区切って示している。

この表を見ると、一九九九年より以前になされた親友・友人にかんする悩みの相談の多くは、若年層および小・中・高校生によるものであることがわかる。一九九九年以前の投稿では、一〇代までが四二・九%、小・中・高校生が四二・四%と、相談の圧倒的多数を占める。この間、小学生の相談は一件しか

表5－5　2000年前後で区切った相談者の年代の比率

	10代まで	20代	30代	40代	50代	60歳以上	不詳	N
1999年以前	43.9%	27.3%	21.2%	4.5%	1.5%	1.5%	0.0%	66
2000年以降	20.7%	17.2%	36.2%	12.1%	5.2%	6.9%	1.7%	58

表5－6　2000年前後で区切った相談者の社会的属性の比率

	小中高	専門、短大、大学	就労	主婦、無職	不詳	N
1999年以前	42.4%	7.6%	10.6%	28.8%	10.6%	66
2000年以降	10.3%	13.8%	31.0%	39.7%	5.2%	58

ない事実に鑑みると、一九九九年以前になされた親友・友人にかんする悩みの相談は、その四割以上が、一〇代前半から後半の中高生によるものだとわかる。

しかしながら、二〇〇〇年以降になると、一〇代、小・中・高校生による相談は、それぞれ、二〇・七%、一〇・三%にまで縮小する。若年世代に属する、二〇代の相談も一〇ポイント減り、親友・友人にかんする悩みの相談は、色々な世代から寄せられるようになる。同時に相談者の社会的属性は、児童、生徒ではなく主婦・無職および就労者が中心となり、多様になってゆく。

（3）若年層の関係不全・喪失から多世代の接し方へ

以上の知見をまとめつつ、親友・友人にかんする悩みの相談内容について、再度検討しよう。一九八〇年代後半から二〇一〇年代後半までの、親友・友人にかんする悩み相談の記事を分析すると、二〇〇〇年あたりを境に大きな変化が見られた。

前半である一九八〇年代後半から一九九〇年代にかけては、関

＊4　細かく年次を区切って見ていくと、二〇〇三年頃から逆転の傾向が見られる。

表５－７　2000年以降の記事数から1999年以前の記事数を差し引いた結果

	年代							社会的属性					合計
	10代まで	20代	30代	40代	50代	60歳以上	不詳	小中高	専門、短大、大学	就労	主婦、無職	不詳	
関係不全	－13	－８	２	－２	０	２	０	－14	－１	５	－５	－４	－19
喪失	－７	０	３	２	０	０	１	－７	０	４	２	０	－１
接し方	３	０	２	４	２	１	０	－１	４	２	７	０	12

係不全にかんする相談が多く、相談者は若年層・中高生であった。一方、後半にあたる二〇〇〇年代以降は、相談内容は親友・友人との接し方に移り、相談者も中堅世代の主婦・無職、就労者を中心に多様になっていた。ここから、『人生案内』に寄せられた親友・友人にかんする悩み相談は、二〇〇〇年あたりを境に、若年層・中高生による関係不全の相談から、多様な世代・層による接し方の相談に変化したと考えられる。

この点を確認するために、一九九九年以前の相談内容別の記事数と二〇〇〇年以降の相談内容別の記事数の増減を、年代別、社会的属性別に見てみよう。**表5－7**は、セルごとに二〇〇〇年以降の記事数から一九九九年以前の記事数を差し引いた結果を示している。たとえば、**表5－7**で、「関係不全」の行、「10代まで」の列に入っている「－13」という数値は、一〇代の関係不全の相談数が、一九九九年以前から二〇〇〇年以降にかけて一三件減っていることを表す。

この表を見ると、一九九九年以前に比べ、二〇〇〇年代は若年層・中高生の関係不全の相談が減り、幅広い年代および社会的属性の接し方の相談が増えていることがわかる。これに加え、一〇代・中高生については、喪失の相談もかなり減っている。この表の数値から、『人生案内』に寄せられた親友・友人にかんする悩み相談は、二〇〇〇年あたりを境に、若年層・中高生による関係不全、および、喪失の相談から、多様な世代・層による接し方の相談に変化したと言えよう。

では、この結果は何を意味しているのか。最後に、この点を考察し、本章の締めくくりとしたい。

5 発達課題から普遍的な問題へ

『人生案内』に寄せられた親友・友人にかんする悩みの相談件数は、一九八〇年代後半から二〇〇〇年代にかけて、それほど変わっていなかった。この数値は、一見すると、これまでの分析結果と矛盾するように感じられる。しかしながら、相談内容や相談者の属性を考慮して分析し直すと、親友・友人にかんする悩みの相談は、明らかに変化が見られた。二〇〇〇年あたりを境に、親友・友人にかんする悩みの相談は、固有の世代が経験する発達課題を対象としたものから、世代普遍的な問題を対象としたものへと変化したのである。

この変化は、これまでの分析結果と同様に、親友・友人関係の社会的位相の変質を表している。そこで以下では、悩み相談に見られた変化を説明し、これまでの分析結果と本章の分析結果の関連について考察しよう。

（1）発達課題としての親友・友人の悩み

一九九〇年代まで、親友・友人にかんする悩みの相談として数多く寄せられたのは、中高生または、若年層による関係不全と喪失の問題であった。すなわち、①親友や友人ができない、または、人とのつきあい方や距離感がわからない中高生・若年層、②学校の親友・友人とけんかして困っている中高生から寄せられた相談が大半であった。ここから、発達課題に直面して、葛藤や苦難を抱える若年層の様子が垣間見える。

序章でも指摘したように、青年期は、「家族関係から離れ、同年代と〝適切な〟友人関係を築く」という課題を抱える。しかしながら、課題が首尾よくクリアされるとはかぎらない。そこには、親友・友人ができないという悩み、そもそも他者との距離感がわからないといった苦悩もつきまとう。そのため、友人・親友だと思っていた人との関係の切断は、この時期の行為者に、とりわけショックを与える。

一九九九年以前に見られた若年層・中高生の関係不全、喪失の相談の多さは、青年、とくに女性がこの時期を円滑に乗り切ることの難しさを表している。一九九〇年代以前に、発達心理学でもたびたび指摘されてきた課題は、新聞紙上でも、相談としてたびたび取り上げられていたのである。

（2）普遍的な問題としての親友・友人の悩み

しかしながら、二〇〇〇年代に入ると、若年層・中高生による関係不全や喪失の悩みは、ぱったりと見かけなくなる。一九九九年以前には、全体の五四・五％もあった若年層・中高生の関係不全、喪失の相談は、二〇〇〇年以降になると、一三・八％と極端に減少する。

　代わって拡大したのは、固有の友人との「接し方」の相談である。接し方相談は、二〇〇〇年以降全体の過半数を占めるようになった。しかも、相談者は、中高生、若年層にかぎらず、多世代・多方面にわたる。ここから、親友・友人にかんする相談は、二〇〇〇年あたりを境に、発達課題を背負う若年層・中高生の関係不全、喪失の相談から、何らかの問題を起こした友人とのつきあい方の相談という世代・属性普遍的な性質をもつものに転じたと言える。

　この変化は、現代の友人関係の特性に合致する。本書で再三指摘しているように、二〇〇〇年以降、友人関係が前景化するなかで、人びとの友人関係は不透明さを増していった。私たちは、友人と接触したい一方で、疲れを感じ、友人であってもなかなか本音をさらせずにいる。二〇〇〇年代初頭に急激に増えてきた接し方の相談は、こうした人びとの心情を的確に表している。

　接し方相談のなかで、いちばん多かったのは、親友との関係を継続したいものの、問題を起こした親友とどのようにつきあえばよいのかわからない、というものだった。このパターンの相談は、接し方相談の半数を占める。次いで多いのが、問題を起こした親友・友人と関係を切断したいが、どうすればよいかわからないという相談である。この二つで接し方相談の八割以上を占める。*5

　この二つは、いずれも、問題を起こした友人・親友にどのように思いを伝え、どのていどの距離をと

＊5　残りの一つである、親友・友人ではなく自身に問題があり、その点を直したいという相談は一八・八％である。

るかという相談である。この内容は、親友・友人と本音でぶつかり合えず、彼・彼女との距離感に悩む現代人の特徴と見事に合致する。現代人は、たとえ、友人や親友に、自己を不快にさせるような出来事を起こされたとしても、それを直接伝えず葛藤や対立を避けようとする。それゆえ、相手との接し方がわからず、悩み相談のコーナーに回答を求めるのである。『人生案内』に寄せられた親友・友人にかんする悩み相談の変転は、私たちの友人関係の変化を象徴的に表しているのである。

終章

よき友人関係をめざして

1　本書の目的

一九八〇年代から中間集団の衰退が指摘されるようになり、それと同時に、人間関係の変化も指摘されるようになった。人間関係をつなぎとめる外からの拘束は縮小し、人びとは、「内なる感覚」をもとに選択的に関係を築くようになる。こうしたなか、相手との感情的な親しさを仲立ちに形成される友人関係の役割は増してゆく。友人関係の前景化である。

友人関係の前景化が指摘される一方で、それじたいを証明する実証研究や、友人関係の変化に直接焦点をあてた研究はあまり存在しない。というのも、友人概念の社会的な変化を分析する環境は、まだ整備されていなかったからである。

しかしながら、時代も変わり、固有の言葉が使用される社会的な文脈を追跡することは容易になった。本書は、新聞記事のデータベースを用いて、親友・友人概念の変化を追究した。具体的には、一九八〇年代半ばから二〇一〇年代半ば・後半にかけて、新聞紙上において、「親友」「友人」という言葉の使われ方がどのように変化してきたのか分析した。いわば、本研究は、親友・友人概念の三〇年史とでも言うものである。

終章では、これまでの分析結果をまとめ、あらためて、親友・友人および人間関係にこの三〇年でどのような変化が生じたのか、明らかにする。次に、これらの議論を踏まえ、今後の人間関係について、予測的に議論してゆく。

2 これまでの分析の結果

(1) 二〇〇〇年を境にした変化

表終－1は、これまでの分析結果をあらためてまとめたものである。太字が主な知見であり、小さいフォントの文字は、具体的なデータ分析の結果を示している。これを見ると、①二〇〇〇年代以降に見出された変化が多いこと、②二〇〇〇年以降の変化じたいに、問題性を示唆する記述が多いこと、がわかる。

前者については、記述内容の多寡から明白である。また、後者については、記述内容に「複雑化」「動揺」などの表現が見られることから推察できる。したがって、ひと口に「友人関係の前景化」といっても、その内容は二〇〇〇年前後で異なると言えよう。そこで、以下では、一九九九年以前と二〇〇〇年以降に分け、この三〇年で親友・友人関係に何が起きたのかまとめてゆこう。

(2) 親友・友人関係の生活世界への浸透：一九八〇年代半ばから一九九〇年代

一九八〇年代半ばから一九九〇年代は、親友・友人の役割が増し、親友という言葉が生活世界のなかでも、比較的気軽に使われるようになった。この時期は、友人関係の前景化による正の側面が強く見られている。

表終-1　これまでの分析結果

		1980年代	1990年代	2000年代以降から2010年代半ばまで
第1章	社会調査	**満足感、充実感の源泉および主たる相談相手として** ・友人関係の満足、充実感拡大、相談相手としての存在感		**複雑化の進行** ・接したいけど、1人でいたい ・嘘は言わないけど、本音も出しづらい ・相談相手としての相対的な地位低下
	記事総数	**友人・親友概念の社会への浸透** ・記事数、出現率の拡大		**友人関係の動揺** ・記事数、出現率の停滞、下降 ・孤独・孤立記事の増加
第2章	記事内容	**縁遠い世界からの離脱** ・政治報道、外国人主体の急減	**生活世界への浸透** ・生活関連報道、投書記事の拡大	**物語性への転換** ・生活関連報道の減少 ・フィクション主体の記事、スポーツ報道の増加
第3章	投書欄		**生活世界への浸透** ・親友投書の増加	**物語性の拡大** ・親友との交流描写の拡大 ・重要性の表明の増加 **個人化・心理主義化の様相** ・外的事実から内面への着目へ
第4章	高校野球			**「無菌化された友情」の物語** ・友情物語の拡大・中心化
第5章	悩み相談		**青年期の発達課題としての問題** ・若年・中高生の関係不全と喪失	**普遍的な「つきあい方」の問題への転換** ・関係不全、喪失の縮小 ・接し方の拡大と相談者の多様化

当時の社会調査の結果を振り返ると、若年層に限定されるものの、友人関係に満足している人、友人といるとき充実感を感じる人は増え、友人を第一の相談相手とする人は多い。友人関係の重要性の拡大に歩調を合わせるように、新聞紙上の友人記事、親友記事も増えている。親友記事の内容を詳しく検討してゆくと、「親友」という言葉が生活世界に浸透してゆく様相はより鮮明になる。

一九八〇年代半ば、新聞紙面で、「親友」という言葉を発する人は、政治家や外国人など、われわれにとって〝縁遠い〟人が多かった。記事内容も、政治・経済報道が多く、親友概念は、私たちの社会にそこまで浸透していなかった。

しかし、親友記事における政治・経済報

道、発話者が政治家や外国人の親友記事は、その後、急減し、一九九〇年代の終わり頃には、新聞紙上でほとんど見かけなくなる。代わって増えたのが、生活関連報道、なかでも、投書欄であった。親友・友人の重要性が増してゆくなか、私たちは「親友」という言葉を生活のさまざまな場面で使用するようになったのである。

親友・友人概念が生活世界に浸透する一方で、友人関係・人間関係に深い悩みを抱く若年層も現れる。若年層は、家族関係からの離脱と外部関係の構築という発達課題を抱える。それゆえ、友人がうまくできない、人との距離感がわからない、親友に冷たくされてつらい、といった悩みを抱きやすい。新聞の悩み相談のコーナーには、中高生を中心とする若年層の関係不全、喪失の悩みが多数寄せられていた。

(3) 複雑さを増す現実と幻想への傾斜：二〇〇〇年以降全般的な傾向

一九九〇年代後半に入ると、日本社会でも中間集団の揺らぎが指摘されるようになる。五〇歳時未婚率（旧：生涯未婚率）の高まりと、単身世帯率の増加は、これまで、日本社会に住む大多数の人を包摂してきた家族の揺らぎを想起させた。非正規雇用および失業率の拡大は、私たちに安定的な生活を提供してきた日本的経営の崩壊を予感させた。関係をつなぎ止める材料は、ますます見出しがたくなり、社会では孤独や孤立の不安がささやかれるようになった。

このような社会状況は、選択的関係の典型である友人・親友の描写にも色濃く影響する。二〇〇〇年以降になると、新聞紙上では、友人関係の前景化による負の側面が強く見られるようになった。それと同時に、負の側面を回収しうる理想的な友人関係の物語、すなわち、友情の物語が展開されるようになった。

負の側面の顕在化：選択的な関係の動揺と問題の普遍化

（1）友人と「接したいけど、接したくない」人びと

社会調査の結果を見ると、一九八〇年代から上昇傾向を示していた友人関係への満足感、友人づきあいの充実感は停滞してゆく。それと同時に、友人づきあいは、複雑さを増していった。若者は友人と接触したいと思いつつ、一人のほうが落ち着くと感じている。また、友人と意見をぶつけ合うことを回避しようとすると同時に、彼・彼女らに嘘をつかないように心がける。

このような結果を見ると、人びとは、友人に「接したいけど、接したくない」という矛盾した欲求を抱いているように感じられる。この原因を本書で得られた知見から探ってみると、友人関係の前景化にともなう、①コミュニケーション不安の拡大と、②友人問題の普遍化の二つが思い浮かぶ。以下、順に説明しよう。

（2）コミュニケーション不安の拡大

友人関係は、「役割構造ではなく内面に規定される」という特性をもつ。中間集団の揺らぎが指摘さ

れる二〇〇〇年代以降、この特性は、より強まっていると考えられる。投書欄の分析では、投書に寄せられた親友との交流の描写に、二〇〇〇年代初頭を境にした変化が見られた。親友との交流において、諸個人の内面を起点とした描写が増えていったのである。ここから、親友関係の個人化・心理主義化の様相が垣間見える。

人間関係の形成・維持において、諸個人の内面に規定される範囲が増すほど、友人関係は選択性を強めてゆく。関係における選択性の強さは、関係からの離脱の気楽さとともに、「いつ関係を解消されるか分からない」という不安も連れてくる。新聞記事件数を分析してみると、二〇〇〇年代以降に、人びとの人間関係への不安が高まる傾向を見出すことができる。友人記事、親友記事は、停滞あるいは緩やかな下降を示した一方で、孤独・孤立という言葉を含んだ記事が増えていたのである。

個人化・心理主義化が進むと、本質的に選択的な性質をもつ友人関係は、その内側に不安定さ・不安感を引き入れる。このような意識は友人関係への警戒感に結びつき、友人と「接したいけど、接したくない」という矛盾した欲求を喚起する。

(3) 友人問題の普遍化

次に、友人問題の普遍化についてである。新聞の悩み相談の分析から、二〇〇〇年以降、友人関係にかんする問題が、属性普遍的なものに転換する傾向が見られた。

先述したように、一九八〇年代半ばから一九九〇年代まで、新聞の悩み相談のコーナーには、中高生を中心とする若年層の関係不全、喪失の悩みが多数寄せられていた。ここから、一九九九年以前の、友人関係の悩みの多くは、若年世代の発達課題の問題であったことがわかる。

しかし、二〇〇〇年代近辺になると、これらの問題は影を潜め、相談コーナーには、多様な属性・世代から、固有の親友・友人との接し方にかんする悩みが寄せられるようになった。世代・属性を問わず、多くの人が親友・友人とのつきあいにおいて、どのように振る舞えばよいか悩んでいるのである。ここから、選択性を本質とする友人関係の第二の問題が見えてくる。

人びとが、「個人的な納得」をつうじて選び合う友人関係において、関係の維持を保証する材料は、「お互いの納得感」以外にあまりない。しかし、納得感には、継続性に乏しい、という欠点がある。今、関係性に納得していた友人が、その後も、納得し続けてくれるかどうかは、わからないのである。

そのため、私たちが友人関係を継続してゆくには、お互いの納得感を更新し続けなければならない。とはいえ、納得感を継続しうるコミュニケーションの様式が、確立されているわけではない。それゆえ、友人関係を構成する当事者たちは、その時々の互いの納得を目指して、コミュニケーションの正解を探し続けなければならない。

友人関係が前景化し、関係性の中心を占める時代には、当該社会で暮らす多くの人が、このような課題を背負うことになる。多くの人が、友人と良好な関係を維持する責務を背負うからこそ、悩み相談では、問題を起こした親友・友人との接し方の相談が増えてゆくのである。しかし、良好な関係を維持する責務は、ときに息苦しさをもたらしうる。それゆえ、人びとは、友人と「接したいけど、接したくない」という矛盾した欲求を抱くようになる。

不安解消の手段としての物語の活用

では、人びとは、友人関係の前景化による負の側面――不安の拡大、息苦しさの増加――をどのように解消しているのだろうか。本書の分析では、その方途として、友情の物語が見出された。

親友記事の内容は、二〇〇〇年を境に変化していた。一九九〇年代まで上昇傾向にあった生活関連報道は、二〇〇〇年以降下落していった。代わって増えたのは、フィクションの人物を主体とする記事、および、スポーツ報道であった。この両者には、物語性の強さという共通点がある。

フィクションの人物を主体とする記事は、映画、小説など、フィクションのなかで展開される親友たちの物語を紹介する、という体裁をとる。スポーツ報道については、増加の牽引役に着目したい。スポーツ報道の増加の牽引役は、高校野球、オリンピック、ワールドカップといった精神主義、根性主義が強調されるイベントであった。これらの記事では、とりわけ、選手同士の友情の物語が展開されやすい。

実際に、高校野球を舞台とした親友記事の分析では、当該記事のなかで「友情の物語」を扱ったものが、二〇〇〇年以降急増している事実が確認された。しかも、その物語は、人間性のなかから、批判、愚痴、ねたみ、利己性、あきらめ、放棄などの暗い部分を抽出・除菌した、「無菌化された友情」の物語であった。

投書欄の分析でも、親友との交流を題材とした投稿が、二〇〇〇年代初頭に増え、なかでも、友人関係の重要さを率直に綴った記事が増えていたことが明らかになった。友人関係のありがたさ、重要さを率直に綴る投書は、形を変えた「無菌化された友情」の物語とも言えよう。

ここから、二〇〇〇年代以降に見られる、相反する二つの傾向を見出すことができる。すなわち、現実としての人間関係・友人関係の動揺と、あこがれ（幻想）としての友情の物語への傾斜である。

中間集団がますます動揺するなか、人びとの友人関係への欲求は拡大する。しかし、本質的に選択的な性格をもつ友人関係は、その内部に不安定さも取り込んでいる。ゆえに、孤立・孤独のリスクは高まり、関係性は動揺してゆく。不安の解消手段を容易に見出しがたい私たちは、友情の物語を消費することで、当面の不安から目を背けようとしているのである。

（4）友人関係の皮肉な現状

これまで見てきたように、親友関係・友人関係を扱った新聞記事は、二〇〇〇年近辺を境に劇的な変化を遂げていた。この変化は、人間関係における選択性が強まり、選択性を本質とする友人関係の純度が強まったために生じたと考えられる。内的な基準をもとに選ぶ、という「友人」としての純度が増したからこそ、却って、実際の友人関係は複雑性を増してしまう。複雑性が増したからこそ、そこから生じる不安の解消手段を、半ば虚構化された友情の物語に求める。現代社会の友人関係は、まことに皮肉な状況にある。

同様の指摘は、「ズッコケ三人組」という、小学六年生の少年三人を主人公にした人気シリーズの作者、那須正幹氏への読売新聞のインタビュー記事にも見られる。新聞に掲載された数あるインタビュー記事のひとつであるが、これまで新聞記事を題材にして分析をしてきたので、参考までに掲載しておこう。

（略）ただ、最近、気がかりなことがある。ファンレターに、三人組のような関係が「うらやましい」と書かれていることが多くなった。
好きなことを言い合い、けんかをしてもすぐに仲直り、何かあった時は協力する。そんな三人組のような友達関係を想像することが、難しくなっているのだという。（以下略）（読売新聞　二〇一九年一〇月二一日朝刊）

ここで那須氏は、「三人組のような友達関係を想像することが、難しくなっている」と書いている。この言葉は、「三人組のような友達関係」が現実社会に見られない、という事実を表している。だからこそ、人びとは「三人組のような関係が「うらやましい」と」述べるのである。そこから、複雑性を増した現実の友人関係を嘆き、友情の物語を消費することで癒しを得る現代人の心性を読み取ることができる。

3 これからの友人関係

❖ 理想の友人の超克

では、私たちは、複雑な友人関係を解きほぐすために、「理想」に頼る以外何ができるだろうか。最後に、この点について検討し、これからの友人関係について論じてゆこう。

(1) 理想化される友人関係

人間関係の関係性と内容

議論の出発点として、やや遠回りになるが、なぜ、「無菌化された友情」のように理想の形が突出してしまったのか、今までと別の視点からあらためて考えてみよう。

友人という概念について、いま一度考えてみると、当該概念には理想化につうじる性質が備わっていることに気づく。もう少し踏み込んで言うと、友人という概念そのものに、関係性における理想の姿があらかじめ埋め込まれているのである。

この点について検討するため、人間関係の性質について、関係性と内容に分けて考えてゆこう。ここでの関係性とは、友人、親子のように、固有の人たちの間柄を指している。また、内容とは、固有の人たちの間で交わされる行為（お金を貸す、暴力をふるうなど）や抱かれる感情（親しさ、尊敬、憎しみなど）を指している。この枠組みをもとに友人関係をとらえなおすと、「友人」という関係性は、つきあいの内容に強く規定されることがわかる。

友人の特殊性

私たちは、裏切った相手やひどいことをした相手に「もう友人〝ではない〟」と言うことがある。親友記事でもたびたびそういった表現はみられた。この言葉は、友人関係の特性を端的に表している。その特性とは、関係性にプラスの内容を詰め込んでいるときにのみ成立し、マイナスの内容が詰め込まれると消失する、というものだ。

もちろん、友人だからこそ、仲良くつきあわねばならないというように、関係性が内容を規定する逆の因果もある。とはいえ、友人という関係性が、内容に強く依存していることに変わりはない。この点は、親子、きょうだい、近隣、先輩（後輩）、上司（部下）など、一定の社会的役割を背負った関係性と決定的に異なる。

親子、きょうだい、近隣、先輩（後輩）、上司（部下）といった関係性は、「親子なのだから」「近隣なのだから」という規範により、つきあいの内容を規定されることがたびたびある。しかし、内容が変わったからといって、関係性が変わる、ということはない。いくら不義理をはたらいても親子は親子だし、地域活動に加わろうと加わるまいと、転居しないかぎり、近隣は近隣のままである。

一方、友人は、先に述べたとおり、当該関係の存続が、つきあいの内容に強く規定される。関係性にプラスの内容を詰め込まないかぎり、友人は「友人」たりえないのである。それゆえ、友人は、その存在じたいが、「よいもの」として認識されやすい。

以上の点を確認したうえで、これまでの分析結果をあらためて振り返ってみよう。

（2）問題のあらわれにくい一九八〇年代、九〇年代

一九八〇年代、九〇年代は、親友・友人の役割が増し、親友という言葉が生活世界のなかでも、比較的気軽に使われるようになった。また、友人関係に満足している人、友人といるとき充実感を感じる人は増え、友人を第一の相談相手とする人も多かった。したがって、この時期は、人びとが「良き友人関係」を築いていたと言えるだろう。

さて、この「良き友人関係」を築いていた時期は、家族や企業といった中間集団が良きにつけ悪しきにつけ機能していた。五〇歳時未婚率（生涯未婚率）が急上昇を遂げたのは、少なくとも女性にかぎっては二〇〇〇年を過ぎてからであったし、集団的な日本型雇用の改善を訴えて人口に膾炙した『新時代の「日本的経営」』が出版されたのは、一九九五年であった。

この時代について、人間関係から読み解くと、家族・親族（血縁）、企業（会社縁）といった社会的役割により私たちを枠づける関係性が、まだまだ健在だったと言える。しかしながら、『新時代の「日本的経営」』にみられるように、集団的体質のもつマイナスや息苦しさも指摘されていた。

この時期に前景化した友人関係は、硬直的な社会的役割ベースの関係性を離脱できるつながりとして

存在したと考えられる。形式的、拘束的な血縁や社縁が際立っていたからこそ、内容ベースで個人を満たしてくれる友人関係への満足感や充実感が高まったのである。とはいえ、良好な友人関係を築くにあたって、通過儀礼としての青年期の友人問題は避けて通れないものであった。

(3) 友人という関係性が内容を支配する時代

序章や第一章でもふれたように、一九九〇年代の終わりから二〇〇〇年代初頭に入ると、日本社会でも個人化が進み、私たちを取り巻く中間集団の動揺が指摘されるようになる。これを人間関係の議論に照らすと、私たちを拘束する硬直的な関係性が縮小し、内容をつうじてかたちづくられる関係性が前景化する、ということだ。友人関係、恋愛関係は、まさにその典型である。

しかし、つきあいの内容に規定される関係性は、内容が基準を満たさなければ、存立の危機にさらされる。前述したように、友人という関係性は、その条件を満たす内容が注がれたときのみ成り立つのである。二〇〇〇年代以降の人間関係の特徴は、関係性の固定された人間関係が縮小し、友人をはじめとした内容により規定づけられる人間関係が増えたことだ。この状況は、私たちにやっかいな課題を突きつける。

友人のように、関係性が内容の充実によってしか維持されないのであれば、関係の維持を欲する人たちは、関係の内容を充実させるよう駆り立てられる。内容を充実させなければ、当該の関係は「友人〝ではない〟」ものとして消失してしまうからだ。「友人〝ではない〟」関係の集積は、「友人がいない」状態、すなわち、孤立につながってゆく。そのため、私たちは関係性を維持するべく内容の充実に腐心してゆく。

かくして、内容に規定されていた関係性は、徐々に反転し、内容を規定するようになる。すなわち、友人という関係のイメージに沿った内容を詰め込むよう人びとを駆り立てる。それゆえ、友人関係からは、衝突や対立が捨象され、協調的なもののみ残されてゆく。

友人というかたちにあわせた内容をしつらえることで形成される関係性と、つきあいを積み重ねた結果、友人というかたちに結晶化される関係性は似て非なるものである。簡単に言えば、前者は「友人」というイメージの外圧によりつくられる友人関係であり、後者は、互いのつきあいをつうじて内発的に形成される友人関係である。本来ならば、友人関係は後者の原理で成り立っている。だからこそ、友人というかたちが先行してつくられる友人関係には、どこか空虚な感覚が漂う。

中間集団が弱まり、多くの関係性が内容に規定されるようになった社会では、関係性の喪失による孤立を恐れるゆえ、皮肉なことに、関係性のもつイメージが内容を支配するようになる。私たちは、よい友人関係をつくろうと欲するほど、あるいは、友人関係を充実させようとするほど、友人のもつプラスのイメージに支配されてしまうのである。

友人関係という美しい外装をまとったハコを満たさざるを得ない私たちは、そこから生まれる空虚感を補うかのように、〝本来〟的なものであり、また〝理想〟でもある友人関係のイメージを消費してゆく。現実の複雑な友人関係と、理想とされる「無菌化された友情」の物語の共存はこのように生じてゆく。

（4）理想の物語をこえて

このやっかいな状況を越えてゆくにはいかなる方策が考えられるか。最後にこの点について考えてみよう。

理想からの転換

「友人」が、現実としての複雑な関係と理想化されたイメージに分化してしまった最大の理由は、友人概念そのものに、理想のイメージが付与されていることにある。友人概念に理想のイメージが付与されているからこそ、人びとは、そのイメージに振り回され、現実の友人関係を複雑にしてゆく。他方、複雑になった現状を嘆いて、イメージとしての理想に寄りかかる。したがって、現状を打破するには、友人を理想の場から引き出す必要がある。

そもそも、人間関係には、プラスとマイナスの面があって当然である。にもかかわらず、マイナスの面を見つめずに、プラスの面のみで塗り固めてゆこうとする行為や考え方じたいに無理がある。土井隆義が指摘するように、友人関係にも、「お互いの対立や葛藤を経験しながらも、訣別と和解をなんども繰り返すなかで、だんだんと揺るぎない関係を創り上げてい」（土井 2004: 4）ける素地もあった。理想の部分が突出してしまったゆえ、友人関係は息苦しいものに転じてしまったのである。

では、理想からの転換は、どのようにしてなしうるか。

持続的な関係の再編

結局のところ、持続的な関係の再編以外に、理想からの転換は難しいだろう。私たちは個人の意向を優先させる方向で社会を進展させてきた。個人の意向を重視した社会は、一方で、他者を顧みない〝きままな個人〟を生み、他方で自己責任の原理のもと、迷惑を及ぼした人に激しい弾圧をはかる〝厳しすぎる群衆〟を生み出していった。他者を顧みない〝きままな個人〟と個人に激しい弾圧をはかる〝厳しすぎる群衆〟の間には、両者をつなぎ止める〝血の通った他者〟は存在しない。結果して、人びとは、〝血の通った他者〟をイメージに求めてゆく。

さきほども述べたように、人びとにはプラスの面、マイナスの面いずれもあり、プラスの面だけで覆い尽くされた存在はあり得ない。私たちの社会には、嫌なところがみえたら即座に解消されるのではなく、嫌なところ、至らないところがみえてもなお、ともにいられる人間関係が必要である。なるほど、このような関係には息苦しさというマイナスもあるかもしれない。しかし、お互いのマイナスの面も包摂しうる関係があってこそ、人びとのあいだに他者性や共感が獲得されてゆく。

本書の原稿をほぼすべて書き終えたときに、社会は新型コロナウィルスの脅威にさらされた。ここでも、他者を顧みずきままに過ごす個人と、そうした個人を厳しく取り締まる群衆の対立がみられる。コロナウィルス騒動は、さらに、対面接触の制限をもたらし、人間関係の行く末をいっそう混沌とさせた。しかし、このような社会だからこそ、マイナスの面を包みこみつつも、ともにいられる強靭な関係性が求められよう。

これからの社会にむけて

私たちはこれまで、〝きままな個人〟の多様な選択を、生活のさまざまな場面に浸透した「人それぞれ論」によって受け入れてきた。〝きままな個人〟の選択が、対立や意見のぶつかり合いに発展する前に、私たちは「人それぞれ」という優しさの呪文をとなえて、互いの干渉を回避してきたのである。しかし、社会に迷惑をかけないかぎり、あらゆる選択を「人それぞれ」として黙認する社会は、優しいようでいて、じつのところ冷たい。というのも、人びとの選択を「人それぞれ」として回収する社会には、その言葉が発された瞬間から、対話の回路を遮断する作用があるからだ。したがって、「人それぞれ論」の横行する社会で、対立や批判を包含した強靱な関係性をつくるのは難しい。

かりに、相手の決定や選択に不満や批判があったとしても、それらは「人それぞれ」という言葉に飲み込まれ、表面に出てくることはない。「人それぞれ」という言葉には、互いに踏み込むべき領分を制約し、個々の選択の帰結を自己責任に回収させる性質がある。結局のところ、「人それぞれ」を抑制する唯一の原理は、他者への迷惑のみになる。〝きままな個人〟は他者に迷惑をかけたときのみ、〝厳しすぎる群衆〟をつうじて社会と接点をもつ。あるいは、〝厳しすぎる群衆〟の姿を想像しながら、自己を抑制する。

かくして、「人それぞれ論」固有の優しさで、お互いの干渉を制約しつつ、迷惑をかけない規範をつうじて、個々人の行動を抑制しあう――〝きままな個人〟が〝厳しすぎる群衆〟を恐れる――社会が誕生する。このような社会では、それぞれの立場や意見、批判、不満を率直に表明しうる〝血の通った他者〟と関係をつくるのは難しい。

そうであるならば、私たちは、社会のなかに、たとえマイナスの要素が含まれようとも、持続的な対話が保証された関係を、無理のない範囲で、構築する必要があるだろう。あえて希望を言えば、人びとは互いに弱みをもち、迷惑をかけ合うということを前提に、それぞれの意見、立場を表明しても容易に揺らぐことのない持続的な関係性に支えられた社会である。このような関係を確立したときに、私たちは、もう、友人という概念を必要としなくなっているはずである。

補遺1　第2章における新聞記事のコード化について

第二章では、親友記事を記事内容、発話者の属性に応じてコード化している。その方法について、ここでは、より詳しく説明しよう。

1　記事内容のコード化

記事内容とは、固有の新聞記事がおもに伝えようとする内容である。この内容は新聞における「面」にほぼ対応する。というのも、新聞の情報は、社会面、政治面、経済面、スポーツ面と面ごとに整理されているからだ。当然ながら、スポーツ面には、スポーツにかんする記事が掲載されている。

しかしながら、面が新聞の内容紹介として十全に機能するわけではない。というのも、面と内容が対応しないケース、あるいは、面そのものが何を指しているのか明確でないケースが少なからずあるからだ。実例をもとに見てゆこう。

朝日新聞の記事検索データベースでは、記事本文とともに発行年月日、朝夕刊の別、面の名前、掲載

表補-1　記事内容のコード

id	分類名	詳細
1	文化・芸術・芸能	文化的作品・展示などの内容紹介・解説・批評、小説・エッセイ、囲碁将棋、学術関連、その他文化・芸術・芸能に関するもの
2	政治・経済	国内・国外・国家間の政治・経済に関するもの
3	スポーツ	競技結果の報告、競技にまつわるエピソード、その他スポーツに関するもの
4	事件・事故・戦争	犯罪性のある出来事（殺人、傷害、詐欺など）、予期せずに起こり人・ものに損害を起こす出来事（自損、他損、災害）、戦争に関するもの
5	生活	身の上相談、投書、社会調査、追悼、その他生活に関するもの
6	その他	1～5に該当しないもの

ページ、記事の文字数といった情報が提示される。単純に考えれば、「面の名前」を見れば記事の内容はおおよそ推察しうるし、内容の分類も容易になると思われる。しかしながら、話しはそう簡単ではない。

先ほども指摘したように、面には「特集」「解説」など、面のなかに多様なジャンルが含まれうる分類がある。たとえば、特集については、高校野球特集もあるし、戦争特集もある。また、検索される面には「Do」「つかう」など、一見すると何を指し示すのかわからないものもある。そもそも抽出される面の種類は、地域面を除いても七四もあり分類には適さない。[*1]

以上の理由から、本研究では、検索対象となる一九八四年から、抽出された一つひとつの記事を読み、その内容に応じてコードを割り当てた。再掲しよう。

分類は大きく分けて六つである。1～4については、それぞれのコードに対応した分類が施される。注意すべきは5「生活」である。「生活」には、いわゆる一般の人びとの生活上の問題やつぶやき、一般の人びとの生活実態を調べる目的の調査、固有の人びとの死を悼む記事、それ以外の生活に関連する記事が入っている。

このうち、前二者はおもに読者の投稿によりなされるのだが、投書欄や相談欄にも、1〜4にまつわる内容の記事は存在する。たとえば、以下の投書を見て欲しい。[*2] 少々長いがコーディングの説明のために引用しよう。

（声）アラブの信頼裏切った行為　イラクのクウェート侵攻

東久留米市　＊＊＊＊（学生　24歳）

心臓が凍りつくような思いがした。イラクのクウェート侵攻を聞き、懐かしいクウェートの旧友たちの顔が浮かんだ。かつてイギリスに留学中、机を並べていた彼らのお国自慢をよく聞かされたものだった。

＊1　地域面を除いた面の種類は「スポーツ、五輪、サッカー、高野、社会、解説、外、外報、アジア、グローブ、アート、囲碁将棋、歌俳、学芸、くらし読書、芸能、コミック、文化、文化芸能、先端、Do、MR、TM、TV関連、west、YU、エンタ、娯楽、週刊テレビ、マリオン、小説、ステージ、ファッション、ポップ、ラテ、ワイド文化、面、Acc、be、FD、FU、GK、FR、HL、惜別、科学、科学医療、グラフ面、元気、こころ、週末、新年特設、大学、特集、朝刊、つかう、どくしゃ、日曜版、風景、ふるさと、ほがらか、連載、ゆめ、らうんじ、レッツ、女子組、オピニオン、声、タイム、くらし、生活、子育て、教育、家庭」である。

＊2　投書記事を引用するさいには、本名は伏せ字（＊＊）にする。

石油で潤う中東の小国クウェートの青年たちはみな、どこかあかぬけていて、楽しい人たちだった。「クウェートは良いところだよ、人々は温かく政府は有能だ。ただ少し恵まれ過ぎて、周りのアラブからねたまれがちだけどね」。私の**親友**はよくこう話した。彼はいつも、アラブ人としてのアイデンティティーを強調した。「ぼくらは、国家・国境をこえて常に1つであるべきだと思っている」

彼は、ごく平均的なクウェート青年だった。アラブ人の強さ、情愛、同族意識といったものを固く信じていた。

今、多くのクウェートの旧友は何を思っているか。隣国のアラブの非行を何と思っているか。また、奥歯にもののはさまったような物言いの周辺アラブ諸国の政府を、罪のない人々への暴行よりも原油価格を最大の関心事にする世界を、何と思っているか。

イラクの行為は、多くの普通のアラブ人の信頼を踏みにじるものだ。同時に紛争の解決手段としての武力侵攻は、あまりに稚拙でもある。クウェートやイラクの知人たちの心情を考えると暗たんたる思いがする。

（一九九〇年八月七日　朝刊）

これは、朝日新聞で長く続いている投書欄『声』に掲載された記事である。内容を見るとイラクのクウェート侵攻を糾弾したものであるとわかる。そうなると、この記事の内容は「国家間の政治・経済」に相当するため、2「政治・経済」と分類することもできる。しかしながら、本書では、新聞の投書欄は、市井の人びとの考えや意見を反映する欄ととらえ、5「生活」に分類することとした。

追悼記事は、固有の人の死を悼む記事である。この固有の人については、各業界の著名人、投書欄での友人などさまざまである。これらの記事は「死を悼む」という日常生活のなかで行われることを対象とした記事と考え、5「生活」に分類した。

6「その他」はどこにも分類されなかった記事である。このような記事は一九八四年から二〇一五年までで、わずか一〇件である。

2　発話者の属性のコード化

本書では記事内容だけでなく、発話者の属性も特定している。ここで言う発話者とは、ある一つの新聞記事において、「親友」という言葉を使った人である。本書では、発話者の属性を性別、年齢、外国人か否か、社会的属性の四点から特定した。

（1）発話者の特定

具体的なコーディングの方法を提示する前に、まず、発話者をどのように特定したか説明したい。というのも、発話者の特定は、そう容易ではないからだ。これについて理解するために、まず、一九八四年に掲載された二つの親友記事を見て欲しい。

宮本陽吉学習院大学教授（アメリカ文学）の話　「遠い声、遠い部屋」が発表された時は、アメリカ南部から天才少年が現れた、という圧倒的な評判でした。ヘミングウェー、フォークナーらの後のアメリカ文学を代表する作家でしょう。多芸多才、社交界が大好きという目立ちたがり屋の人で、人気をいつも集めるのに、痛々しいぐらい努力していた。最近は皮膚がんに侵され、耽美（たんび）派の人だっただけに、アルコール、薬と自分勝手に生きていました。テネシー・ウィリアムズと**親友**でしたが、二人とも、似たような死に方になりましたね。（一九八四年八月二七日　朝刊）

会見場に現れた水谷さんは、左足をくるぶしまでほうたいをまき、やや、やつれた様子。事故については「気が動転したあまりバカなふるまいをして申し訳ございませんでした。ただ中庭に飛び降りたことは、一部でいわれているような自殺未遂では全くございません。私は、もし命が危なくなった場合でしたら、まっ先に逃げ出すタイプの女です」と釈明した。夜ふかしして、朝方寝つく前に常用の精神安定剤とシャンパンを少量飲んだことや、歌舞伎俳優とは「**親友**ですし、私の一番大好きな男性です」とも、アッサリと話していた。（一九八四年八月九日　朝刊）

右の記事はトルーマン・カポーティ氏の死去を伝えた記事の一部、左の記事は新派女優の水谷良重氏の交通事故の釈明会見を伝えた記事の一部である。このうち左の記事については、発話者の特定は容易である。というのも、記事じたいにカギ括弧がついて、水谷氏の発話だと容易に理解し得るからだ。

一方、右の記事はやや複雑だ。記事のなかでテネシー・ウィリアムズと親友だったのは、トルーマン・カポーティだと分かる。しかし、この話をしているのは「宮本陽吉学習院大学教授」である。となると、発話者は「宮本陽吉学習院大学教授」と考えられる。しかしながら、本書では、このような考え方をとらず、上述のケースでは、トルーマン・カポーティを発話者としている。

その理由は、上述の処置をとらなければ、内容分析における発話者の分析はほぼ不可能になるからだ。新聞には、「無職の人間が親友と共謀して詐欺をはたらいた」といった記事も多い。このケースを厳密に考えると、「親友」という言葉を使ったのは、「無職の人間」ではなく、朝日新聞で記事を担当した記者になる。しかし、このような処置をとると、発話者の大半は、名も知らぬ記者になるので、よりシンプルなコード化を行った。

ただし、ここでも一点注意を要する。というのも、さまざまな記事のなかでも、投書欄だけは例外的に、投書した人を発話者としているからだ。投書欄は、投稿者が自身のことを書く場合もあれば、「母親の親友が……」「親友であるAとBが……」といった形で自身以外のことを書く場合もある。こういったケースだと先のルールに照らせば、「母親」や「AまたはB」が発話者となる。しかしながら、親友という言葉を実際に使ったのは投稿者であること、母親やAさんなどの属性の追究は困難であること、投書欄の場合、投稿者の年齢、性別、従業上の地位などがわかること、に鑑みて投稿者を発話者とした。

（2）発話者の属性

発話者の属性として特定したのは、先ほどもあげたように、性別、年齢、外国人か否か、社会的属性である。これについては、第2章で説明した。ここでは、社会的属性の7「フィクション」のみ補足しよう。7「フィクション」は、発話者が架空の人物のケースである。新聞には以下のようなかたちで、固有の書籍、映画、テレビ番組、劇などの内容紹介や批評が掲載される。

12歳の少女たちが、**親友**の自殺が動機で、分水嶺（れい）にあるという伝説の泉をさがしに行く話である。こちらは少女まんがの世界だが、アイドルものなどにありがちなあざとさがないのがいい。少女期の中でも最も結晶度の高い年ごろの、そのつかの間の輝きをとらえ得ているところが手柄だ。

村上修監督の抑制を効かせた演出に好感がもてる。主役の3人の少女と、教師役の渡辺典子と高嶋政宏もなかなかうまく使っている。初秋の山気を伝える藤沢順一のカメラも、透明な味わいを出すのに貢献している。（以下略）（一九八八年一一月九日　夕刊）

これは、村上修監督「ステイ・ゴールド」という映画の批評の抜粋である。ここでの発話者は「伝説の泉」を探しに行く「12歳の少女たち」である。批評に「少女まんがの世界」とあるように、当然ながら、この少女たちは実在しない。このように、フィクションの登場人物が発話者と考えられるケースはすべて7「フィクション」とコードした。

補遺2　一九九〇年代初めの高校野球報道の事例

第4章で指摘したように、試合を軸に展開される高校野球の親友記事は、それが登場した一九九〇年代初めから、二〇一〇年代まで驚くほど似通ったフォーマットで構成されている。第4章では、二〇〇〇年代から二〇一〇年代の記事を取り上げたので、補遺2では、一九九〇年代初頭のふたつの記事をとりあげておこう。

1　試合を軸に展開される高校野球の親友記事：初出

試合を軸に展開される高校野球の親友記事が、一九八四年以降、データベースの検索をつうじて初めて登場するのは、一九九二年の四月七日である。この記事は、試合の勝者にスポットをあてており、かつ、春の選抜大会という点で、以降に頻出する試合報道と異なる。しかしながら、記事のフォーマットじたいは、第4章でとりあげたものと共通する。以下、事例をみてゆこう。

帝京初V　悲願の「春」つかんだ　選抜高校野球　東京

◇無念忘れ、伝令役に　M選手

帝京ピンチの場面になると決まって、背番号5**がベンチを飛び出し、マウンドに駆け寄った。**

伝令役だが、昨秋の都大会決勝までは、**クラスメート**のMIと**バッテリー**を組んでいた**正捕手**。1年生の秋、筋力トレーニングで腰を痛め、無理をして投球するうちに次第に肩が痛むようになった。肩の故障をMD監督に隠して都大会の決勝に出て、堀越に10盗塁を与えた。一塁、そして三塁へとコンバート。大会直前にレギュラーから外された。

昨年春、夏と甲子園でベンチ入りしながらプレーの機会はなかった。「今年こそ」と思っていた矢先に無念の涙をのんだ。

しかし「チームのムードメーカー」と監督が寄せる信頼にこたえ、やけにならず、突然マスクをかぶった急造のHを陰で支えた。MIがサインに首を振り、思うようにリードできないHを、ベンチに引き揚げてくる度に励まし続けた。

「プレートの後ろを歩き回ったり、ロージンを頻繁に触るようになったら、落ち着きをなくしている証拠」と親友MIの心を読んで、伝令に出た。

優勝が決まった瞬間、ベンチから飛び出し、真っ先にマウンドでMIと抱き合った。

試合後、MIは「Mと抱きあったとき、一番感動した」と一言。「夏には、肩を治して、マスクをかぶっ

て駆け寄るよ」と誓った。（一九九二年四月七日　朝刊）

この記事は、同じ部の親友たちが目標に向かって支え合う「支え合う友人たち」の物語である。本事例もご多分に漏れず、試合の描写から始まる。ここで、主役である「背番号5」（M）が紹介され、彼が「ベンチを飛び出し」てきたことから、試合に出場していないことがわかる。次いで、もう一人の主人公であるＭＩも紹介され、二人が、かつて「バッテリー」であったこと（関係性1）、また、「クラスメート」であることが示される（関係性2）。関係の紹介が終わると、次に、Mが控えにまわることになった理由が紹介される（エピソード）。しかしながら、Mはけっして「やけにならず」、控え捕手を「陰で支え」、「励まし続け」る（友情性）。その後、場面は試合に戻り、親友のＭＩのピンチと、それを支えるMの姿が描かれる。無事にピンチを切り抜けたチームは試合に勝利し、MとＭＩは、「真っ先にマウンドで」抱き合う。試合の描写が終わると、最後に、ＭＩとMによるメッセージ交換で記事は締めくくられる。

2　初めて登場した「最後の夏」の親友記事

続いて、初めて登場した「最後の夏」の描写も、あげておこう。「最後の夏」の試合を題材とした親友記事が初めて登場したのは、一九九三年七月一六日の夏の予選大会である。取り上げられた内容は、親友同士が試合で直接対決する「ライバルの物語1：親友との対決」であった。

中華同文学校の友に（162の夏）　第75回高校野球・15日／兵庫

滝川三年のHは、一塁コーチャーズボックスから、**敵の主戦の活躍を複雑な気持ちで眺め続けた。**

マウンドに立つ葺合三年のAもピンチを迎えるたびに誓うことがあった。**中華同文学校野球部出身の二人**は、今は亡き親友を思い起こした。

Zは中華同文学校野球部でAとバッテリーを組んだ。A、H、Zは近所ということもあり、小学生のころからの親友だった。Aが主戦、Zが捕手、Hが右翼。練習が終わった後、居残りトレーニングもこなして、上達していった。三人の夢は、甲子園を目指すことだった。

Zが突然白血病で倒れたのは中学二年の時だった。一年間の闘病生活の後、息を引き取った。

突然の親友の死に直面したAとHは動揺するばかりだった。何も手につかなかった二人は、「できることは野球を続けることだけ」と、がむしゃらに練習に取り組み始めた。

高校入学までの二週間の春休み、二人は自主練習に励んだ。毎朝五時から走り込み、硬式に慣れるようにと、HがAの投げる球を受けた。

練習試合もしたことがなかった両校は、第一回戦での対戦が決まった。あまりにも偶然の抽選結果に二人は驚いた。試合三日前、HはAに「互いに本気を出して、全力でぶつかろう」と電話した。**試合当日、**

Aは主戦としてマウンドに立ち、去年秋に故障した肩が復調しないHは、一塁コーチとして参加した。

試合は葺合の勝利に終わった。終了のあいさつの後、Aは滝川のベンチに向かった。二人はベンチ前で堅い握手。涙が光っていたHは、「どっちが勝っても同じ。二人の分まで、甲子園に行ってくれ」と健闘を祈った。（一九九三年七月一六日　朝刊）

この記事も試合の描写から入り、まず、「コーチャーズボックス」で相手を眺めるHと、「マウンドに立つ葺合三年のA」という主役の二人が紹介される。この文章から、両者は、対戦相手であることがわかる（関係性1）。続く文章で、二人が「同じ野球部出身」であったこと、「近所」で、「小学生のころからの親友」だったこと、HとAに加え、もう一人の親友がいたことが明かされる（関係性2）。

人物紹介が終わると、場面は、中学の頃の野球部に移る。そこでは、三人で練習に励んだことに加え、なぜ、もう一人の親友がいないのか、という話の骨格となる重要なエピソードが紹介される（エピソード）。親友の死を受けて「「できることは野球を続けることだけ」と、がむしゃらに練習に取り組」んだ二人は（友情性）、予選大会での対戦という思いがけない事態に遭遇する。「互いに本気を出して、全力でぶつかろう」と健闘を誓い合ったところで、場面はまた試合に戻る。

試合の描写は簡単に済まされ、その後は、感動の物語の締めくくりであるメッセージのやりとりに変わる。

3　変わらない「無菌化された友情」

以上、二つの記事をみてきたが、一九九〇年代初頭の記事も、所定のフォーマットにのっとり、「無菌化された友情」の物語が展開されていることがわかる。怪我でレギュラーから外されたMは、愚痴を言うことも、嫉妬することもなく、チームのサポートにまわる。親友を失ったHとAは、真面目に練習に取り組み、互いに対戦することになっても、挑発することなく健闘を誓い合う。試合に負けた側は潔く敗戦を認め、相手に思いを託す。第4章でも述べたように、球児たちは高校野球という舞台のなかで、「無菌化された友情」の物語を演じているのである。

あとがき

ぼくはもともと友人と、それにまつわる概念（友だち、親友、友情など）が苦手だ。研究対象としては、曖昧でつかみがたいし、日常生活でも、なんとなく、この概念には重苦しさを覚える。「俺たちって友だちだよな」とか確認するのもされるのも嫌だし、親友、友だちなど、関係の強さに応じて使い分けるのも、なんとなく首の後ろあたりがむずがゆくなる気がして嫌だ。ようするに、あまり使いたくない概念なのである。

しかしながら、使いたくないことと興味関心があることは別で、「友人っていうのはいったい何なのだろう」という素朴な疑問は、頭の片隅にちらほらと漂っていた。当たり前のように使っている「友人」という言葉の意味合いや、使われる文脈も、時間とともに変わってきたのではないか、などと社会学者らしい疑問も抱いていた。そのような動機から、この研究を始めた。結果して、「友人」というよりは「親友」研究になってしまったし、たかだか三〇年くらいしか追いかけられなかったけれど、変化の兆しを発見できたときは嬉しかった。

この本の大半は、新聞記事の内容分析の結果をもとに執筆した。内容分析で研究を行った理由は、公私それぞれにひとつずつある。公的な理由は、分析法への関心である。ぼく自身、これまで、質問紙調査の計量分析、聞き取り調査や参与観察をつうじて論文や書籍を執筆してきた。しかしながら、内容分析はほとんどやったことがない。だからこそ、一度、本格的に内容分析を行って、論文や書籍を執筆してみたいと考えていた。今回のテーマは、内容分析にうってつけだと思い、この手法を用いて、分析・研究をした。内容分析に長けた先生方からすると、かなり素人感のある分析かもしれない。その点、温かい目で見ていただければ幸いである。

私的な理由は、家族とのつきあいである。二〇一五年四月、遅まきながら第一子が誕生した。子どもというのは、面白いもので、できれば近いところでその成長を見守りたいと思った。しかし、遠方への調査や共同研究になると、どうしても、家を空ける機会が多くなる。家のなかで、一人でできる研究はないものかと思案に暮れてたどり着いたのが、インターネットのデータベースを用いた内容分析である。

二〇一五年の一一月からデータを作り始めて、他の作業の合間や、長期休暇の折にコツコツと分析を進めていた。幸い、二〇一九年四月から一年間、研究休暇をいただくことができた。そのため、一気に研究を進めることができた。自宅でパソコンのモニターやプリントアウトした紙とひたすら睨めっこをし続ける研究に、時には精神をやられたけれど、何はさておき、家にいることはできた。おかげさまで、上の子が初めてハイハイをした瞬間、下の子が初めて立ち上がった瞬間など、目にすることができた。親と子どもとの会話をつうじて、「人はこうやって概念を獲得していくのか」などと考えたりもした。親として大事な時間を過ごしたのだと思う。

「遊んで！」と叫ぶ子どもを尻目に仕事場（自分の部屋）に行く自らを顧みて、「いったいなんのために、自宅で仕事することを選んだのだろう」と考えた瞬間も多々ある。ミヒャエル・エンデの『モモ』よろしく、ぼくもすでに時間泥棒に時間を盗まれてしまっているのだ、などと落胆したこともあった。そのうち、「幸せだった日々」として懐かしく思い出すときが来ることを願っている――ちなみに、その後のコロナ騒動で、結局のところずっと家にいるはめになった、というのは、この文を書いてからの話だ。

本書の分析は、基本的にほぼ一人で進めたので、あまり挨拶をする人がいない。そんななかで、まず、お礼を述べなければならないのは、石田ゼミの第一期生、矢嶋純也くん、和田優貴くん、國友南海子さんである。二〇一五年の一一月から研究室でのデータベース作成を手伝ってくれた。早稲田大学に職を得てからとりかかった最初の研究を一期生とともにできたことは、望外の喜びである。作業中に、アニメ『カイジ』をみながら、カイジっぽい言葉を考えていたあの頃が懐かしく思い出される。〝筆舌に尽くしがたい〟感謝と至福！　皆さん本当にありがとう。また、カイジ会やろうね。

終章の仕上げのさいには、ゼミ五期生の弦間沙羅さんに、ご協力いただいた。彼女は、二〇一九年度に「友人」を題材とした卒業論文を執筆している。その体験を活かし、読者の視点からのご意見をうかがった次第である。弦間さん、お忙しいなか、貴重なご意見をありがとう。そのうち、読書会やりましょう。

所属先である早稲田大学文学学術院文化構想学部現代人間論系（長いな）からは、一年間自由に研究する時間をいただいた。おかげさまで、一つの成果を残すことができました。ありがとうございました。出版のさいには、晃洋書房の吉永恵利加さんに大変お世話になった。書きたいことがあっても、最終的に、書いたものを出版してくれる方がいなければ、原稿は日の目を見ない。執筆した原稿に丁寧に目を通していただき、出版の労をとってくださった吉永さんにあらためて御礼申し上げたい。ありがとうございました。

さてと、書きたいこともだいたい書き終えた。二年前に多摩市の研究が終わり、いま、友人の研究も終わってしまい、いよいよ、研究の持ちネタもなくなってしまった。そんなわけで、これからまた、新しい研究のネタをつらつらと考えていこうと思う。新しい研究に取りかかる頃に、コロナが収束していることを切に願っている。

二〇二〇年一〇月

石田光規

文　献

有山輝雄，1997，『甲子園野球と日本人――メディアのつくったイベント』吉川弘文館.

朝日新聞『担当記者に聞く、「ちょい読み」／声』（https://info.asahi.com/choiyomi/reporter/koe/?cid=Mkt_PR0001_ALL_A_Lis_gog0000_____201811_000001&gclid=CjwKCAiAqaTjBRAdEiwAOdx9xklRh_rAOaf4NMuqOdSiIsXZVBQ-cqq4a18qddOGkxx2Xw3QAlysIhoC5LcQAvD_BwE　2019年2月18日検索）

浅野智彦，2011，『若者の気分――趣味縁からはじまる社会参加』岩波書店.

Bauman, Zygmunt, 2000, *Liquid Modernity,* Cambridge: Polity Press.（＝2001，森田典正訳『リキッド・モダニティ――液状化する社会』大月書店.）

Beck, Ulrich, 1986, *Riskogesellschaft Auf dem Weg in eine andere Moderne,* Frankfurt: Suhrkamp Verlag.（＝1998，東廉・伊藤美登里訳『危険社会――新しい近代への道』法政大学出版局.）

Chambers, Deborah, 2006, *New Social Ties: Contemporary Connections in a Fragmented Society:* Palgrave Macmillan.（＝2015，辻大介・久保田裕之・東園子・藤田智博訳『友情化する社会――断片化のなかの新たな〈つながり〉』岩波書店.）

土井隆義，2004，『「個性」を煽られる子どもたち――親密圏の変容を考える』岩波ブックレットNo. 633.

――――，2008，『友だち地獄――「空気を読む」世代のサバイバル』ちくま新書.

――――，2009，『キャラ化する／される子どもたち――排除型社会における新たな人間像』岩波ブックレットNo. 759.

――――，2014，『つながりを煽られる子どもたち――ネット依存といじめ問題を考える』岩波ブックレットNo. 903.

Erikson, Erik H., 1959, *Identity and Life Cycle,* International Universities Press.（＝2011，西平直・中島由恵訳『アイデンティティとライフサイクル』誠心書房.）

江刺正吾・小椋博編，1994，『高校野球の社会学――甲子園を読む』世界思想社.

Fischer, Claude S., 1982, *To Dwell among Friends: Personal Networks in Town and City,* Chicago: The University of Chicago Press.（＝2002, 松本康・前田尚子訳『友人のあいだで暮らす――北カリフォルニアのパーソナル・ネットワーク』未来社.）
福重清, 2007,「変わりゆく「親しさ」と「友だち」――現代の若者の人間関係」『現代日本の人間関係――団塊ジュニアからのアプローチ』学文社, 27-61.
Giddens, Anthony, 1991, *Modernity and Self-Identity: Self and Society in the Modern Age,* Cambridge: Polity Press.（＝2005, 秋吉美都・安藤太郎・筒井淳也訳『モダニティと自己アイデンティティ――後期近代における自己と社会』ハーベスト社.）
Giddens, Anthony, 1992, *The Transformation of Intimacy: Sexuality, Love and Eroticism,* UK: Polity Press.（＝1995, 松尾精文・松川昭子訳『親密性の変容――近代社会におけるセクシュアリティ、愛情、エロティシズム』而立書房.）
橋元良明, 2007（1998),「パーソナル・メディアとコミュニケーション行動――青少年にみる影響を中心に」広田照幸監修, 北田暁大・大多和直樹編著,『リーディングス日本の教育と社会10――子どもとニューメディア』日本図書センター, 256-275.
伊藤公雄, 1996,『男性学入門』作品社.
石田光規, 2011,『孤立の社会学――無縁社会の処方箋』勁草書房.
――――, 2018,『孤立不安社会――つながりの格差, 承認の追求, ぼっちの恐怖』勁草書房.
菅野仁, 2008,『友だち幻想――人と人の〈つながり〉を考える』ちくまプリマー新書.
小藪明生・山田真茂留, 2015,「若者的コミュニケーションの現在――高校生の友人関係志向に見る」友枝敏雄編著『リスク社会を生きる若者たち――高校生の意識調査から』大阪大学出版会, 57-76.
栗原彬, 1989,『やさしさの存在証明――若者と制度のインターフェイス』新曜社.
松田美佐, 2007,（2000)「若者の人間関係と携帯電話利用――関係希薄化論から選択的関係論へ」広田照幸監修, 北田暁大・大多和直樹編著,『リーディングス日本の教育と社会10――子どもとニューメディア』日本図書センター, 290-305.

松永真由美・岩本澄子，2008，「現代青年の友人関係に関する研究」『久留米大学心理学研究』 7：77-86.
松下姫歌・吉田美悠紀，2007，「現代青年の友人関係における“希薄さ”の質的側面」『広島大学大学院教育学研究科紀要』56：161-169.
宮木由貴子，2013，「若年層の友人関係意識――通信環境の変化と友人関係で変わったもの・変わらないもの」『LifeDesign REPORT』Winter: 4-15.
宮澤武，2018，「スポーツにおける負けの語られ方――読売新聞を事例とした新聞メディアによる「日本人」らしさの再生産」『スポーツ社会学研究』26（1）：59-74.
森岡清志，2001，「リプライ――書評論文への全面的な反論」『日本都市社会学会年報』19：186-197.
日本経営者団体連盟，1995，『新時代の「日本的経営」』日本経団連出版.
西原茂樹，2013，「甲子園野球の「物語」の生成とその背景――明治末期～昭和初期の「青年らしさ」「純真」の言説に注目して」『スポーツ社会学研究』21（1）：69-84.
大谷信介，2001，「都市度とパーソナルネットワークの奥深さ――森岡清志編著『都市社会とパーソナルネットワーク』によせて」『日本都市社会学会年報』19：175-185.
岡部祐介・友添秀則・春日芳美，2012，「1960年代における「根性」の変容に関する一考察――東京オリンピックが果たした役割に着目して」『体育学研究』57：129-142.
岡田努，1993，「現代青年の友人関係に関する考察」『青年心理学研究』 5：43-55.
――――，1995，「現代大学生の友人関係と自己像・友人像に関する考察」『教育心理学研究』43（4）：1-10.
――――，2007，「大学生における友人関係の類型と、適応及び自己の諸側面の発達の関連について」『パーソナリティ研究』15（2）：135-148.
佐藤郁哉，2008，『質的データ分析法――原理・方法・実践』新曜社.
千石保，1991，『「まじめ」の崩壊――平成日本の若者たち』サイマル出版会.
清水真木，2005，『友情を疑う』中公新書.
須藤春佳，2010，『前青年期の親友関係「チャムシップ」に関する心理臨床学的研究』風間書房.
杉本厚夫，1994，「劇場としての甲子園――高校生らしさの現実」江刺正吾・小椋博編『高校野球の社会学――甲子園を読む』世界思想社，15-38.

鈴木宗徳，2015，「ベック理論とゼロ年代の社会変動」『個人化するリスクと社会――ベック理論と現代日本』勁草書房，1-24.
鈴木宗徳編，2015，『個人化するリスクと社会――ベック理論と現代日本』勁草書房.
高橋英夫，2001，『友情の文学誌』岩波新書.
辻大介，2007（1999）「若者のコミュニケーションの変容と新しいメディア」広田照幸監修，北田暁大・大多和直樹編著，『リーディングス日本の教育と社会10――子どもとニューメディア』日本図書センター，276-289.
辻泉，2006，「「自由市場化」する友人関係――友人関係の総合的アプローチに向けて」岩田考・羽渕一代・菊池裕生・苫米地伸編『若者たちのコミュニケーション・サバイバル――親密さのゆくえ』恒星社厚生閣，17-29.
――――，2016，「友人関係の変容――流動化社会の「理想と現実」」藤村正之・浅野智彦・羽渕一代編『現代若者の幸福――不安感社会を生きる』恒星社厚生閣，71-96.
Wellman, Barry, 1979, "The Community Question: The Intimate Networks of East Yorkers" *American Journal of Sociology* 84（5）: 1201-1231.（=2006, 野沢慎司・立山徳子訳「コミュニティ問題――イーストヨーク住民の親密なネットワーク」野沢慎司編・監訳，『リーディングスネットワーク論――家族・コミュニティ・社会関係資本』勁草書房，159-200.）
山本教人，2010，「オリンピックメダルとメダリストのメディア言説」『スポーツ社会学研究』18（1）：5-26.
読売新聞生活部，2015，『きょうも誰かが悩んでる――「人生案内」100年分』中央公論新社.

《著者紹介》

石田光規（いしだ　みつのり）

東京都立大学大学院社会科学研究科社会学専攻博士課程単位取得退学（博士社会学）

現在，早稲田大学文学学術院 教授

主要業績

『孤立不安社会――つながりの格差，承認の追求，ぼっちの恐怖』（2018，勁草書房），『つながりづくりの隘路――地域社会は再生するのか』（2015，勁草書房），『孤立の社会学――無縁社会の処方箋』（2011，勁草書房）。

友人の社会史

1980－2010年代 私たちにとって「親友」とは
どのような存在だったのか

2021年２月10日　初版第１刷発行
2021年３月25日　初版第２刷発行

著　者　石田光規©
発行者　萩原淳平
印刷者　河野俊一郎

発行所　株式会社 晃洋書房
京都市右京区西院北矢掛町７番地
電話　075(312)0788番㈹
振替口座　01040-6-32280

印刷・製本　西濃印刷㈱
装幀　安藤紫野
ISBN 978-4-7710-3432-7